朝日選書
1038

武家か　天皇か

中世の選択

関 幸彦

朝日新聞出版

Ⅲ 近代は武家と天皇をどう見たか

一 近代日本国の岐路

二 武家の遺産

三　再びの武家か、天皇か

武家か 天皇か
中世の選択

関 幸彦

はしがき

〝武士の敵は武家〟といえば、大風呂敷かもしれない。けれども半面は当たっている。本書の主役はその武家であり、さらには天皇だ。別段、歴史上の個人を対象とした内容ではない。書名の通り、わが国の中世の権力システムを武家や天皇に焦点を据え論じたものだ。下顎《したあご》退化の筆者だが、自身の現況打開に向けての、総括的議論の試みである。そのため、いささか思弁的言説を連ねた部分も少なくない。それを自覚しつつ、改めて中世の武士なり、天皇について眺めたものだ。

天皇を書名に据えれば、大上段《だいじょうだん》な天皇制なり天皇論へと話がシフトする傾向があるが、本書では矩《のり》を踰《こ》えない程度で中世に限定して考えようとした。当然、その対象にあるのは、天皇及び幕府の存在だ。この両者は歴史上では「至尊《しそん》」「至強《しきょう》」とも表現される。本書が対象とした中世はその両者が鬩《せめ》ぎ合い、拮抗《きっこう》する時代でもあった。中世は、この二つの存在に選択を迫った時代である。この時代が経験した源平の争乱と南北朝の動乱という二つの内乱には、そのことの意味がふくまれている。

われわれは、ともすれば予定調和のごとく、過去の織り成す出来事を整理ダンスに入れ込む傾向がある。武士による幕府の成立という、サクセスストーリーである。結果として間違いではないにせよ、そこに至る足跡について、再度考えることも必要ではないか。そんな思いで筆を執《と》った。

序では謡曲《ようきょく》『紘上《げんじょう》』を紹介しつつ、中世的世界を切り取ってみた。続くⅠのブロックでは「武家か　天皇か」と題し、近世史論書の雄『読史余論《とくしよろん》』を主軸に、天皇と武家それぞれについて深掘りを試みた。この構成の仕方については、本書の内容をお読みいただくのが近道だろう。Ⅱでは、十二世紀末と十四世紀の二つの内乱期（源平争乱・南北朝動乱）を取り上げ、転換期の個別事例に射程を絞り、具体的に議論を展開した。本書の主軸をなす内容となっているはずだ。

そしてⅢでは視点を近代に移し、武家や天皇が近代国家にどう映じたのか。いわば存在としての両者の〝見られ方〟について、総括したものだ。近代国家は過去の遺産たる武家なり天皇を、どう消化したのか。史学史的視点を加味しつつ論じた。

以上、Ⅰ〜Ⅲの三つの内容が骨格となる。テーマがテーマでもあり、〝構え方〟の割にはネバりある議論が提供できたかどうか不安もある。が、当方にとってこれまでの総括的な仕事かと思っている。

序　謡曲『絃上』の歴史的回路　――虚構を読み解く、「王威《おうい》」そして「武威《ぶい》」

大学の研究室に歴史雑誌の編集者が訪ねてきた、ある日の午後のこと――。

【謡曲をどう読み解くのか】

――ご無沙汰しています。本日は今回のテーマについて、編集者の立場で、いろいろとお聞きしたいことがあったもので、研究室におしかけてきました。さっそくですが『武家か天皇か』の助走として謡曲『絃上』のことが云々《うんぬん》されていますが、そのネライについて教えてください。

中世に誕生した武家の権力システムがわが国の歴史に与えた「規定性」を考えようとしたものですね。真っ向勝負しようとしたのですが、テーマ自体、重いものであったことは間違いないです。武士のことを守備範囲にしてきた関係で、天皇をめぐる問題に関しては興味を抱いていました。もう十数年前になるでしょうか。日韓歴史家会議がソウルで開催され、そこで鎌倉政権の問題を話したことがありました。テーマは「反乱か？ 革命か？」ということで、会議では十二世紀末の内乱期の意義に言及しました。そのおりに韓国の研究者から「武家政権がなぜに天皇の存立を許したのか。そして、天皇制が存在したことの理由を歴史的に説明してほしい」と、求められました。シンプルに答えを出すことができずに、大いに難儀した記憶がありました。それなりに誠実に対応しましたが、これは重い課題であり、十人いればそれぞれの異なる理解があろうと思っています。武士や武家の権力を考える場合、他方では朝廷や天皇の存続にも射程を広げなければ両者の相互関係が鮮明にならないと思います。だからこれまでにも増して、近世や近代の史論にも目を通すようにしてきたつもりです。本書のⅢでの内容にはそれが反映されていると思います。

――なるほど。そうすると日本型権力システムの帰趨《きすう》にかかわるテーマが本書『武家か 天皇か』に含まれているというわけですね。そのことと謡曲『絃上』云々がどんなふうに関係するわけですか。何となくプロローグ風味なテーマ設定みたいですけどね。そういえばご自身、仕舞《しまい》や謡曲を趣味とされているようですね。

私事になりますが今から五、六年ほど前に、素人芸だけどこの『絃上』の「半能《はんのう》」に龍神の役

（ツレ＝主役のシテの演技を助ける演者）で装束を着し、出演した経験があります。当時はこの曲目を歴史的回路からながめる余裕はなかったですが……。けれど今回は多様な議論の引き出し方も可能ではないかと考え、この演目を掘り下げたいと考えました。多くの方々は「絃上」の中身についてご存じないでしょうから、簡略にストーリーだけでも紹介しておきましょう。

演目の「絃上」とは琵琶《びわ》の呼称で、歴代王家（天皇家）に相伝《そうでん》された帝器の一つでした。いわば三種《さんしゅ》の神器《じんぎ》にも準ずるものですね。説話や軍記にも登場しますが、表記は「絃上」・「玄象《げんじょう》」など様々ですね。主役のシテには村上《むらかみ》天皇が、そしてワキ（シテの相手役）には藤原師長《ふじわらのもろなが》が登場します。両人は歴史上実在の人物ですが、生きた時代は異なります。村上天皇は「天暦《てんりゃく》の治《ち》」で知られるように十世紀半ばの人物です。藤原師長は十二世紀半ばの人物で、保元《ほうげん》の乱で敗死した悪左《あくさ》府《ふ》頼長《よりなが》の子息ですね（**巻末系図Ⅱ**）。だから史実上では両者は、交差することはありません。

謡曲の演目「絃上」（シテツレ・龍神／関幸彦）

——そうでしたね。「絃上」はたしか琵琶の名人の師長が、さらに奥義《おうぎ》を極めるべく中国に渡海しようと、臣下と須磨《すま》まで来たおりに、村上天皇の霊と遭遇、その奇縁により渡海を思いとどまるとの話でしたよね。師長といい、父の頼長といい、ともどもが、琵琶の名手でしたね。

その通りですね。須磨まで来た師長一行《いっこう》はここで汐汲《しおく》みの老夫婦と出会い、一夜の宿を所望します。老夫婦は師長が琵琶の名人であることを知り、演奏を願い出ます。師長は『源氏物語』で須磨に流謫《るたく》した光源氏に想いを馳《は》せつつ曲を弾《だん》じたところ、折しも村雨《むらさめ》が降り始めます。そのとき、老夫婦は苫《とま》で板を葺《ふ》くなど、師長の曲の調べに対応するかの如《ごと》き所作を見せます。師長たちはその彼らの様子から楽曲への素養の深いことに驚き、老夫婦にも曲を所望します。

謡曲の演目「絃上」（前シテ・老人／中村邦生）

すると老人は琵琶、妻の姥《うば》は琴により、「越《え》天楽《てんらく》」（雅楽《ががく》の曲）を奏したのでした。その妙《みょう》手《しゅ》に師長も感動し自身の己惚《うぬぼ》れを反省して、渡海を思いとどまることになります。やがてこの老夫婦たちは、村上帝と梨壺《なしつぼ》の女御《にょうご》の霊なることを明かし、師長の渡海を止めるべく現れた旨を伝えます。

その後、村上天皇の霊は龍神に命じて、中国（唐《とう》）渡来の名器「絃上」「青山《せいざん》」「獅子丸《ししまる》」の三つの琵琶のうち龍宮にある「獅子丸」を持参させ師長に与えます。師長はその「獅子丸」を弾き、村上天皇の霊らとともに秘曲を演奏。そして舞をなした村上天皇は昇天、師長は「獅子丸」を持ち帰洛《きらく》する。ストーリー的にはこんな流れとなりますね。

――たしか三つの琵琶の名器のうち「青山」は、謡曲『経正《つねまさ》』では仁和寺《にんなじ》の守覚法親王《しゅかくほっしんのう》（後白河《ごしらかわ》の第二皇子）から平経正に下賜《かし》されるとのストーリーでしたよね。

経正（父は清盛《きよもり》の異母弟・経盛《つねもり》）は平家の公達《きんだち》として有名で、この謡曲は『平家物語』を下敷きにしたものですね。経正は都落ちにさいし、「青山」が戦乱で失われるのを惜しみ、法親王にこれを返却して、最期の別離に「青山」を奏で、辞去するとの流れです。それはともかく、三つの琵琶がともども中国からの渡来の品々であることは、興味深いです。『絃上』全体の読み解き方を考えるうえで、村上天皇、師長の両人を登場させた意味も含め、おさえておきたい点だと思います。

――『武家か　天皇か』という本書のテーマを考えるさいに、これらの謡曲が、どんなふうに関連するかを、是非とも教えてほしいです。謡曲のテーマについて、どんな補助線になるのか知りたいのです。

【「紘上」に見る本朝回帰】

多くの謡曲のライトモチーフの背景には、本朝回帰主義ともいうべき主題があると思いますね。要は大陸（中国）を憧れと見なした、中国憧憬《しょうけい》志向からの脱却という点ですね。院政期に生をうけた師長にあっても、大陸志向が強かったのでしょう。けれども村上天皇の霊を降臨させつつ、足下《そっか》たる本朝にこそ、求めるべきものがあるとの主張が見てとれます。要はディスカバー・ジャパンという流れで、この演目の趣旨を読み換えることも可能かと思います。

対外的視点からながめた場合、村上天皇の時代は十世紀ということで、大きな転換期にあたります。東アジア世界にあって、十世紀は日本のみならず、大唐帝国が解体、その余波が周辺諸国にも影響をもたらします。中世国家の第一ステージともいうべき王朝国家への脱皮は、この本朝回帰の段階を通じ進行したと理解されています。

そもそも論でいえば、村上天皇という呼称だって、京都風味の地名に由来したローカルな天皇名なわけですしね。それまでの文武《もんむ》・聖武《しょうむ》あるいは桓武《かんむ》などという、漢風の呼称とは異なるわけですから。中国と同居したグローバルな文明主義からの脱却が、村上天皇前後には定着するわけです。その村上天皇が琵琶の名器とともに、帝器を象徴するものとして語られているのは、重要だと思いませんか。

――「開」の体系から「閉」の体系への転換という考え方ですね。ということは、この「絃上」という作品に村上天皇を登場させた意味を、歴史的回路で読み解くならば、わが国における対外認識の変化を考える素材になるということですかね。村上天皇は、父の醍醐《だいご》天皇と並び称されて「延喜《えんぎ》・天暦の治」とされ、後世に聖代視されており、そうしたことも関係するかもしれないですね。それにしても、村上天皇の時代以降、十二世紀の師長までも「閉の時代」の継続とする理解ならば、なぜに師長は「唐土《もろこし》」へ執着したのでしょうか。

個人の趣向と時代の趨勢《すうせい》は別でしょうからね。公卿《くぎょう》レベルの上流貴族にとって、「唐土」趣味は、〝舶来物《はくらいもの》〟として貴族を魅了し続けたことは疑いないでしょうから。大陸コンプレックスというやつかもしれません。ただ、十世紀が転換点とすれば、そうした大陸的価値からの脱却が進行したわけですから、時代の流れは内向きの方向（閉の体系）にあったということは、動かないでしょう。重要なのは異なる時代に生きた両人が琵琶を介し、繋《つな》がっているという構成ではないでしょうか。要は琵琶自体が「帝器」としての側面を持ち、それが秘曲・秘蔵的価値を与えられ、価値理念の共有がなされていたということなのでしょうね。

――簡略化すれば名器たる琵琶が朝家《ちょうか》（朝廷）の〝宝器〟へと性格を変容させ、〝帝器〟の役割を担うようになる。神器的な観念が与えられる流れをどう理解したらいいのか――ということでしょうかね。

その通りでしょう。現実の世界では「三種の神器」に加えて、琵琶「絃上」自体が相伝されるなかで、王権のシンボルとなっていったのは、興味深いですね。そして話のなかでは〝詩歌管《しいかかん》弦《げん》〟的世界の体現者として、天皇自身もそれに加わり奏者となっていることに重要な意味を感じます。これはかつての律令《りつりょう》的王権の在り方とは異なるものと、理解できるのではないでしょうか。

中国的皇帝主義を模倣した古代の王権にあっては、臣下と隔絶された「絶対性」の演出が必要とされました。対して中世の天皇の在り方は、隔絶された権力ではなく、摂関《せっかん》以下の公卿たちとの協調・親和性だったことでしょう。別な言い方ではレガリア（宝器）的側面を有した紘上は、他方でこれを奏でる奏者に、王威が付与されるとの考え方だったのかもしれません。

そのことがより明白になるのは、近年の指摘によれば、院政期をへた十二世紀末、後鳥羽《ごとば》院の段階とされています。秘曲伝授と相俟《あいま》って用いられるべき楽器が紘上（玄象）とされ、これこそが王権を表象する〝宝の器〟としての性格を与えられたとの理解なのでしょう。それは、レガリアの可視化を通じて、王威の浸透にも繋がったわけです。

――要は十世紀初頭を潮目としたとき、東アジア世界の変化に対応するように、わが国でも律令システムからの脱皮がなされた。王朝国家へと変容したことが天皇号に影響を与え、それが「紘上」などの管弦の世界とも対応関係にあったということですね。話を謡曲に戻しますと、この『紘上』の演目には、肝心の名器「紘上」自体は登場していないですね。けれども演目は「紘上」であり、何となく奇妙な感じがしますけど。このあたりはどうなのでしょうか。

帝器としてのシンボリック性の演出に眼目が置かれているわけで、その点に関してはさほど問題にする必要がないと思います。この演目の意味するところは、琵琶「紘上」が「三種の神器」

にも比されるべき、帝器としての役割を帯び始めた時期だったということではないでしょうか。それ故に、妙音院太政大臣《みょうおんいんだいじょうだいじん》とも呼称された師長が、村上帝を介し龍神から授けられたのが名器「獅子丸」だったわけだから。

【辟邪《へきじゃ》と武威】

ちなみに「三種の神器」自体は、古代以来「譲国《じょうこく》」の証しとして天子《てんし》に伝えられたものです。中国皇帝の「玉《ぎょく》」にも相当するものですね。実在的レベルで王権のシンボルとして位置づけられるのは、やはり王朝国家期あたりではなかったかと思っています。その点では不可侵性を帯びた「神器」を可視化させる作用が、琵琶なり箏《そう》なりの管弦的音曲《おんぎょく》だった。王権と音曲との関係の読み解きは、昨今急速に開拓されつつある分野なのです。

——王威なり王権の相対化がなされ、それに対応するように「帝器」が従来の「神器」とは別に登場していた意味が重要、ということですね。まさに「絃上」(玄象)は、そんなテーマに繋がるわけですね。でも、そのテーマが、今回の『武家か天皇か』にどう関係するかが不明なのですが、武士や武家の問題に繋げるために、どんな補助線を用意するつもりでしょうか。

同じく謡曲がらみでは、源頼政《みなもとのよりまさ》にちなむ『鵺《ぬえ》』あたりも、素材にできそうな気がしますね。頼政は治承《じしょう》四（一一八〇）年に以仁王《もちひとおう》とともに挙兵し、宇治《うじ》で敗死した源平争乱期の武将です。「埋木《むもれぎ》ノ 花サク事モ ナカリシニ 身ノナル果《はて》ハ アハレナリケリ」の歌でよく知られていますね。治承・寿永《じゅえい》の内乱の呼び水ともなった人物です。『源三位頼政卿集《げんざんみよりまさきょうしゅう》』などからもわかるように、武士にして歌人でもありました。

頼政が担った「大内守護《おおうちしゅご》」なる職責は、天皇（王権）を守護する役割とされます。ついでながら、ここで取り上げた「鵺」も以前に仕舞をやった経験があります。ストーリーは怪鳥を畏怖《いふ》する近衛《このえ》天皇を救うべく、頼政が禁中に召し出され、これを射落とすという『平家物語』の場面を加工したものです。謡曲の『鵺』では敗者たる立場から、その心情に仮託した悲劇性をテーマとしています。王権に仇《あだ》したが故に、頼政に退治された鵺の無念が語られ、王威の絶対性がモチーフになっているわけです。

『平家物語』にあっては、仏法の力（法威《ほうい》）による加持《かじ》・祈禱《きとう》でも悩める天子（王威）を救うことができず、ついに武人たる頼政の、弓箭《きゅうせん》の武芸（武威）により勝利するとの流れです。そこには、王権の外護《げご》者たる武士の存在感が明瞭に語られているわけですね。

——王法・仏法相依《そうい》論は院政期に顕在化する統治理念のようですが、王威と法威に加えて、まさに武士による王権守護の論理が、鮮明に語られてくるのは興味深いですね。——

『平家物語』にも、「昔ヨリ朝家《ちょうか》ニ武士ヲ置カルル事ハ、逆反《ぎゃくほん》ノ者ヲ退ケ、違勅《いちょく》ノ輩《ともがら》ヲ亡《ほろ》ボサンガ為《ため》」と、頼政自身が自己の役割を語る場面が見えています。謡曲『鵺』は『平家物語』での言説上の加工とはいえ、中世における武士の存在意義を考えるさいに、参考となるはずですね。

謡曲の演目「絃上」(後シテ・村上天皇／中村邦生)

謡曲に作品化された室町期の文芸作品には、『平家物語』に代表される王朝的武者の活躍を活写することで、王威・法威・武威の相互補完が表明されているものが、少なくないのです。武権による統合化が推進される室町時代なればこそ、王威の再生・不滅に向けての物語の提案が、可能だったのかもしれない。それはともかく、内裏《だいり》守護を担った頼政が鵺退治で「主上《しゅしょう》御感アッテ、獅子王トイフ御剣ヲ、頼政ニ下サレケル」と伝えるのは、おもしろいと思います。邪悪な物怪《もののけ》を排する力を「辟邪」といいますが、頼政に期待されたものは、そうした「辟邪の武」だったことになりますね。獅子は元来は仏教の経典に登場し、邪悪を打開、真理を悟る無敵の象徴とされます。「獅子王」の御剣も伝承では鳥羽《とば》天皇以来、王家に相承《そうしょう》された宝剣《ほうけん》であり、それを頼政に与えたということでしょうか。

――そうすると、王権のシンボルともいうべき剣については、神器の一つである伝説の「草薙剣《くさなぎのつるぎ》」とは別に、「獅子王」なる剣も伝えられていて、それが左大臣・頼長を介し、近衛帝から頼政に下賜《かし》されたということですかね。説話や軍記での内容ですし、厳密に考える必要はないでしょうが、それにしても謡曲の『絃上』では海神（龍神）を介して村上天皇から師長に与えられた琵琶の名器も「獅子丸」でしたね。どうして同じような名前が多いのでしょうかね。

【補完し合う王威・法威・武威】

なるほど。たしかに「獅子」云々でいえば、『源平盛衰記《げんぺいせいすいき》』の「剣巻《つるぎのまき》」にも、源家相伝の霊《れい》剣《けん》として「獅子の子」の名が見えていますね。源満仲《みつなか》以来、源氏に伝わる霊力を有した「髭切《ひげきり》」

「膝丸《ひざまる》」という名刀が源氏の武将に伝えられ、頼朝《よりとも》の手中に帰するまでのサクセスストーリーが語られています。頼朝の鎌倉開府を見据えた後世の〝源氏神話〟の一つではあるにしても、そこにも獅子云々が見えているのはおもしろいですよね。けれども「紘上」での「獅子丸」や、「鵺」で頼政に授けられた「獅子王」の名称との関係性を詮索しても、さほど生産的ではないかもしれません。というのも前にもふれたように、「獅子」は伝説上の百獣の王で、強い者・無敵なる者の象徴です。仏法用語にも「獅子吼《ししく》」の語があり、獅子が吼《ほ》え悟りを開くことの意で釈迦《しゃか》を獅子に喩《たと》え、悟道《ごどう》の阻害をなす邪妄《じゃもう》を打ち破る意にも用いられますから。これは一般の辞典類にも共通した理解のようです。だから「獅子」云々は、王威や王権と親和性を持っているものとして、一般的な名称なのです。王法・仏法相依の考え方が浸透したので、多用されたのでしょう。けれども、そのこととは別に、琵琶にしろ剣にしろ、「獅子」の名が付されたものが、臣下に下賜されたとの説話を、どう読み解くかは重要かもしれません。

――なるほど。いくら武力を保持していても、それだけでは存在意義に限界があるということですね。とすれば、「獅子」の語感には、正統性も加味されていると解することも可能でしょう。琵琶や刀剣に「獅子」を冠することで、天意からの認知が与えられるとの発想なのでしょうね。

最終的に武権が優位に機能した中世でも、王威はもちろん法威や霊威までは超剋《ちょうこく》できなかったんですね。謡曲的世界での夢幻能《むげんのう》には、その思潮が活写されていると考えられるわけですね。「修羅《しゅら》の妄執《もうしゅう》」からの解放もテーマであるわけですしね。武威を体現した武家にあっても、霊威や法威という神仏の世界から自由であったわけではないでしょうから。謡曲にしばしば登場する、死後に修羅道に落ちて苦しむ「修羅の闘諍《とうじょう》」はその象徴ですね。「魂魄《こんぱく》の境涯《きょうがい》」にある敗者の妄念を、浄化させるための神仏の加護も求められたわけですしね。その点では王威・霊威（法威）・武威の三者は、相互に補完し合う関係で中世社会の観念を規定したのでしょうね。

権門《けんもん》体制論という考え方にも通ずるかもしれません。研究者によってはそれを公武《こうぶ》合体論と通底する、と解する立場もあるようです。中世の国家権力論にも繋がる問題でしょうが、中世という時代を規定した最大の存在が武家であったことは、間違いないでしょう。ただし武家により構築された「幕府」であっても、それは唯一無二の権力体だった、というわけではありません。「治天《ちてん》」（天皇・院）も、またそれを外護する寺社家も、存続し続けるのです。

そうした点では武家が国家統治の一翼の正当性を担うとの発想は、慈円《じえん》の『愚管抄《ぐかんしょう》』あたりの影響が大きいと思う。本論でも述べようと思いますが、鎌倉初期に叙《じょ》されたこの書物には有名な「武者ノ世」への転換を語る言説も見えますね。仏教的な道理思想を基調に、武家台頭の道筋を示したもので、武権の受容の在り方が説明されています。

――『愚管抄』はサラリとしか読んだことがありませんが、後世には南北朝時代の北畠親房《きたばたけちかふさ》『神皇正統記《じんのうしょうとうき》』や江戸期の新井白石《あらいはくせき》『読史余論《とくしよろん》』とともに、三大史論書と称されたものですよね。慈円は、たしか九条兼実《くじょうかねざね》の同母弟として、天台座主《てんだいざす》の地位にあった人物でしたね。十二世紀末の建久《けんきゅう》年間に上洛《じょうらく》した頼朝との間に交わされた和歌の贈答は、有名ですね。それで『愚管抄』には、武家の来歴がどう語られているのですか。

慈円はその出自が摂関家だったこともあり、新興の武家との向き合い方に関心を持ったはずです。内乱後の朝廷や摂関家との関係にも筆がついやされています。そのなかで、慈円は壇《だん》ノ浦《うら》合戦での神器(剣)の海没・喪失の件に言及、それを道理思考に照らして解釈しています。つまりは、王威(王権)の象徴たる剣の喪失を、武家による代替・補完の表れと解しています。

そこでは公武協調路線の考え方が模索されています。武家の権力を容認することで、朝家との補完関係を是とする立場ということになります。それを王権の再生と読み換えたのでしょう。『平家物語』の源流も、この慈円周辺で耕されたとの考え方もあり、『平家物語』に貫流する思考には、そうした公武合体の理念が見え隠れしているとされています。

――たしかに、『平家物語』が仕掛けた公武合体の歴史は、時空を超えて、日本人の歴史観を根本で支えている気がします。至尊たる王家が伝える血脈的伝統性を、所与のものとする認識でしょうかね。でも、それは中世が誕生させたものなのでしょうか。

『平家物語』以外にも、『源氏物語』の存在も大きいかもしれませんね。数ある謡曲、例えば『謡曲百番』を眺めても、『平家物語』と『源氏物語』をテーマにしたものが多く、あたかも二大源泉の感がありますね。王朝への回帰を志向した室町期の文化精神が体現されているようです。

それについては、「過去」はそれ以前の「過去」をどう見たかという問題とも、連動するはずです。中世後期の室町時代は、「過去」をどう解釈したのか。〝最初の決算報告〟の提出時期ともいえます。能・謡曲の芸能はその産物であり、「平家」や「源氏」の王朝の〝物語〟的世界がそこに選択されていることが、ポイントなのでしょうね。

――そういえば、昨今の研究によれば、平氏の政権が摂津《せっつ》福原《ふくはら》に都を遷《うつ》したことの意味についても、『源氏物語』との関係から解釈する理解もあるみたいですね。武権を行使する平

家にとって、王朝の胎内で自己の権力の正当性を訴えるためには、歴史的回路からの記憶が必要だった、との解釈でしょうか。
『源氏物語』に、光源氏の須磨謫居《たっきょ》の場面があります。新興武家の平氏が須磨に近い福原に拠点を築こうとしたのも、王朝勢力に認知され、その権力の観念上の正当性を示そうとしたということでしょうか。安徳帝《あんとくてい》という血脈上での「正統」性とは別に、王朝に同化するための平家の「正当」性への渇望と、いえなくもないですよね。

【「正当」と「正統」】

そのように理解できるかもしれないですね。平氏の政権は王朝貴族が記憶として共有した『源氏物語』を血肉化することで、その正当性を演出しようとしたともいえますね。いわば虚構の現実化という側面があったはずです。『源氏物語』は、それほどまでに王朝の記憶の象徴だったのでしょう。

もちろん、福原云々《うんぬん》を右の点のみで、解するのは正しくありませんが、〝歴史の見られ方〟という点では、一つの事例として参考になるはずです。王威の再生という意味では、南北朝期の成立とされる『増鏡《ますかがみ》』などにも、『源氏物語』からの引用がほどよく鏤《ちりば》められており、鎌倉的武威に包摂されない、王朝の自己主張が展開されていることが理解できます。

――なるほど、二つの〝セイトウ〟があったというわけですね。ニュアンスやムードとしてはわかる気もしますけど、具体的にどう違うかと論理的に説明してほしいですね。漢和辞典を引いても、両者は併用されているみたいですが……。

難問だけど、使い手がその両者をどう規定するかでしょうね。それぞれに含意する力点の置き方によるでしょうね。例えば「正統」の読みは「セイトウ」とは別に、「ショウトウ」もある。『神皇正統記』は後者の読み方です。その点では血脈的な正統性、つまりは伝統に所由《しょゆう》した継続性の理念が前面に出ると解されます。

他方「正当」は適確性に基準を置いたもので、血脈性や伝統性に比重が置かれず、力による支配、つまりは覇道《はどう》的要素が強いと思われます。現実の力に立脚し、結果を重視する立場ですね。これは朱子《しゅし》学的尺度での解釈かもしれないですがね。だから力による正当化を志向する政治権力体は、正統性を加味すべく伝統的王家との血の結合を求めようとします。

平氏政権は「正当」から始まり、「正統」を実現したともいえます。その場合、「正当」は朝堂内での官職的秩序のキャリアを積むことで、一族から公卿が輩出し権力を掌握する。もちろん、背景には〝長袖の下の武力〟もあったわけで、それを中和させるための装置が、武将歌人であったり、琵琶、箏・笛などの音曲的素養だったりしたわけですね。その過程で王朝的記憶の『源氏物語』に自らを同化させ、王朝の一員として歴史に自らを溶け込ませる。それと同時に「正統」化への方策がはかられる。高倉《たかくら》・安徳両王朝の創出という、王威との結合がそれでした。「正当」を「正統」に帰着させたところで、平氏政権は完結した。そんなところかもしれません。

――深いですね。そうすると武家政権のなかでも、平氏と対比される鎌倉政権をどう考えるかが問題となります。一般的に「鎌倉時代」という時代枠で整理されることが多く、鎌倉幕府こそが、武家政権の〝嫡流《ちゃくりゅう》〟の如き理解が多いですね。二つの武家の権力体の相違を、どうすり合わせたらいいのでしょうか。

鎌倉の権力は平氏のそれと異なり、〝謀反《むほん》〟から出発したところに本質がありました。王朝の胎内で成長した権力ではなかった点が、重要です。王朝権力と一線を画し、同化されない権力体を演じ続けたところがポイントです。その点では鎌倉政権は、平氏と異なり、当初は官職的秩序や王家との血脈的結合を志向しなかった。少なくとも、鎌倉殿《かまくらどの》・頼朝が存立基盤を固めた内乱期の十年の段階は、右の点こそが鎌倉政権の本質といえるかもしれません。

この政権が名実ともに「幕府」の呼称に対応する権力体に脱皮するのは、内乱が終了した建久年間を待たねばならないと思います。その段階になって、初めて鎌倉殿は自らの率いる武力を、官職的秩序と合体させることが可能となりました。「右大将《うたいしょう》家」なり「将軍家」なりの肩書を用い、自己の立ち位置の「正当性」の根拠としたのです。

その後、この建久年間には頼朝の娘・大姫入内《おおひめじゅだい》問題に象徴されるように、「正統」性との同居を志向するようになります。結果として、王家との血脈的連接は実現しませんでしたが、そのことを以《も》って、頼朝の限界とか裏切りとかと評するのは、当たらないと思います。鎌倉の権力が、歴史のなかで自己を認識するための方向としては、当然の選択だったはずですから。しかし、一方では鎌倉政権は自己を「関東」として位置づけ、王朝からの相対的自立を保ったことも、重視されなければなりません。謀反性を脱し、内乱期を通じて「正当」化のための方向に舵《かじ》を切ったわけですから。いわば鎌倉殿という軍事団体の首長という私的実力の側面をブラッシュアップさせ、王朝との政治的距離を保持することで、独自の「正統」性を付加したといえます。最終的には鎌倉中期以降の親王将軍の関東下向は、その象徴だったかもしれません。

――かなり本質的議論になってきましたけれど、本書の叙述の中身以前に核心に迫る内容にふれてしまうと、羊頭狗肉《ようとうくにく》などと誹《そし》られるかもしれませんから、手の内をあまり見せない方がよさそうですね。謡曲の話題から始まって、最後は二つの武家の権力の違いまで行きつきました。この本では武家を選択した中世がその後の近世、さらには近代において、どう解釈されたのかというテーマも扱っているみたいですから、大いに刺激となりそうです。じっくり勉強させていただきますね。

そうですね。でもかなり大風呂敷を広げた都合もあって、成功しているかどうか、心配です。ともかく、書名が語るように、〝ビビリ〟が入るくらい難しいテーマであることは確かです。その点では、これまで中世の時代を守備範囲とした当方の決算報告と位置づけられます。

I

武家か　天皇か

ここでは、わが国の中世の権力の〝かたち〟を「武家か、天皇か」というテーマから考えたい。史実に即した具体的叙述とは別に、武家なり天皇の意味を問う、思弁的な内容が中心となる。武家と天皇の両者は、相反する存在と解されてきた。けれども朝家《ちょうか》（朝廷）は、異分子たる武家をその体内に受容することで、中世日本の〝かたち〟を誕生させる。そのあたりの大局を、朝幕《ちょうばく》の関係に焦点を据えて、整理することが主眼となる。

そこにはわが国の国家システムの選択の問題が内包されている。「お手本」なき時代とされた中世は、その体内に「武家」を宿すことで、その後の歴史にどのような規定性を与えたのか。武家は「幕府」と呼称されることで、天皇そして朝廷にいかなる役割を付与したのか。以下ではそれについて考えてゆきたい。

一、「本朝天下ノ大勢」と天皇

『読史余論』を読みなおす

前近代の政治権力の推移に着目すれば、通史的枠組みは江戸期の新井白石《あらいはくせき》『読史余論《とくしよろん》』*により定立したとされる。権力の推移を整理するにあたり、改めて『読史余論』に注目しながら、武家や天皇の織りなす画期について考えておこう。

『読史余論』（国立国会図書館蔵）

「九変五変」観とも呼称されている中身を簡略に一覧すると**表1**のようになろうか。ここからわかるように、白石の念頭には武家支配の正当性を是とする主張がある。その点からすれば、伝統的存在としての天皇あるいは朝廷の〝始末のつけ方〟が提示されている。武家と天皇という背理する二つの権力体の統合を、どう整理するかがテーマともいえる。これ

「九変五変」観（表1）

〈天皇の流れ〉本朝大勢の九変観			〈武家の流れ〉当代に及ぶ五変観
▲藤原良房、摂政就任（幼帝・清和天皇）。外戚政治の始まり	一変		
▲藤原基経、関白就任（宇多天皇）。藤原氏の外戚専権	二変		
▲冷泉～後冷泉の八代、藤原氏による外戚専権の定着	三変		
▲後三条天皇の政治（親政）	四変		
▲白河上皇の政治（院政）	五変		
▲武家（鎌倉殿）による兵馬権の分掌	六変	一変	△源頼朝の鎌倉開府
▲北条氏の政治	七変	二変	△北条義時の執権政治
▲後醍醐天皇の政治（親政）[建武の新政]	八変		
▲南北朝、分立の時代	九変	三変	△足利尊氏の室町開府
		四変	△織田信長・豊臣秀吉の治世
		五変	△当代＝徳川家康の江戸開府

以前、慈円《じえん》の『愚管抄《ぐかんしょう》』（鎌倉初期、仏教的道理思想にもとづき、公武《こうぶ》の推移を説明した）や北《きた》畠《ばたけ》親房《ちかふさ》の『神皇正統記《じんのうしょうとうき》』（南北朝期に南朝の正統性を論じた史書）でも、武家と天皇の権力構図は問題とされた。この二作品と、当該の『読史余論』を含め、この三者は史論の雄とされる。これらの書物は「鎌倉」「室町」「江戸」という三つの幕府（武家）権力との関係性が、天皇を視野に語られているところが共通する。

日本史上、叙上の三つの武家の権力は十二世紀末の源頼朝《みなもとのよりとも》の開府以降、約七百年にわたって存続した。この期間、天皇（朝廷）も存在し続けた。一国二制度ともいうべき二つの権力体は、相互に規定し合い、所与のものとして近代以前を規定した。天皇は十三世紀の承久《じょうきゅう》の乱（後鳥《ごと》羽《ば》上皇による武家打倒の戦い）と元弘《げんこう》・建武《けんむ》の乱（後醍醐《ごだいご》天皇による武家打倒の戦い）で王威《おうい》への抵抗勢力に対し、自己主張をなした。しかし、天皇・朝廷の権力は、主旋律とはなり得ず近代をむかえた。『愚管抄』は前者の承久の乱における公武の関係を論じ、『神皇正統記』は後者の元弘・建武の乱から南北朝動乱期の公武関係を語ったものだ。両者は程度の差はあるにしても、ともどもが武家の存在を否定したものではなく、それを是認したうえでの権力構想が伝えられていた。

そして、三大史書の最後に位置する『読史余論』では、主旋律として武家を前面に展開させているが、その根底にある天皇・朝廷への視線にも、留意されるべきだろう。

＊『読史余論』は新井白石が六代将軍・徳川家宣《とくがわいえのぶ》に行った講義案で、摂関《せっかん》政治から徳川政権までを論じ、武家政権への推移を論じた歴史書。古くは『新井白石全集』（第三、国書刊行会、一九〇六）、『読史余論』（村岡典嗣《むらおかつねつぐ》校訂、岩波文庫、一九六七）がある。その成立事情および伝本についての系譜的研究についても、益田宗《ますだたかし》「解題（読史余論）」（『日本思想大系35　新井白石』岩波書店、一九七五）がある。また『日本の名著15　新井白石』（中央公論社、一九六九）では『読史余論』の現代語訳が掲載され、さらにこれをベースに『新井白石「読史余論」　現代語訳』（横井清《よこいきよし》訳、講談社学術文庫、二〇一二）にも収録されている。なお、拙著『武士団研究の歩みⅠ戦前編・史学史的展開』（新人物往来社、一九八八／のち『戦前・武士団研究史』〈教育評論社〉と改題）においても、紹介・検討したので参照されたい。

天皇権力と「九変」史観

「本朝天下ノ大勢、九変シテ武家ノ代トナリ、武家ノ代マタ五変シテ、当代ニオヨブ総論ノ事」で始まる『読史余論』の冒頭には、その歴史観が要約されている。そこには大きく二つの旋律が貫流していることがわかる。一つは、「一変」から「九変」までの天皇の流れ「本朝大勢の九変観」である。そこには天皇権力の推移が俯瞰《ふかん》されている。そして二つは武家を主軸とした「五変」までの流れ「当代に及ぶ五変観」が語られる。

天皇の流れの冒頭、藤原良房《よしふさ》の摂政《せっしょう》就任による「一変」では、幼帝・清和《せいわ》天皇の登場により天皇システムの転換がもたらされたとの認識が示されている。そして宇多《うだ》天皇時代の藤原基経《もとつね》による関白《かんぱく》就任にともなう外戚《がいせき》専権を「二変」と解し、さらに冷泉《れいぜい》天皇（関白・藤原実頼《さねより》）以降の八代におよぶ段階を、摂関家（藤原氏）による外戚専権の定着として「三変」とみなし、これを摂関体制の最盛期と位置づけている。

その後、後三条《ごさんじょう》天皇（在位：一〇六八〜一〇七三）の登場にともなう短期間の親政回復の「四変」をへて、白河《しらかわ》院による上皇政治（院政《いんせい》）の登場を「五変」。やがて武家の台頭で十二世紀に鎌倉殿が天下の権を掌握、天皇と対峙《たいじ》する権力の誕生を「六変」とする。さらに北条義時《ほうじょうよしとき》による執権《しっけん》体制を「七変」、天皇権力が一時的に再生する、後醍醐天皇による建武の新政を「八変」とする。そして南北朝の分立――光明《こうみょう》天皇（北朝・持明院統《じみょういんとう》）、後醍醐天皇（南朝・大覚寺統《だいかくじとう》）――にともなう天皇権力の衰亡を「九変」とするとの枠組みだ。九世紀半ばから十四世紀半ばにいたる「一変」から「九変」の歴史に貫流するのは、天皇とその体制を構成する朝廷内部に権力上の矛盾が生じた、との理解である。

そこには「一変」以前の「上古《じょうこ》」（『読史余論』は光孝《こうこう》天皇〈在位：八八四〜八八七〉以前を「一向上古ナリ」と記している）の天皇が、文武を兼ねる理想として解されている。それは、多分に上古聖代観を前提としたもので、具体的には、神武《じんむ》即位から奈良・平安期にいたる段階を、天皇自らが文武を兼ねた理想の時代とする。その象徴的事例は、軍事を体現する天皇による征《せい》討《とう》観だった。いわば軍務と政務の一体化の段階が理想とされた。大過去を理想とするその考え方にあっては、以後の天皇の権力は、外戚の勢力拡大など朝権内部の変化により、衰亡を余儀なくされるとの理解だ。

摂関政治を語る「一変」から「三変」までの流れ、さらに「五変」の「院政」段階の評価の低さもこれにかかわる。そうしたなかにあって、「四変」の後三条天皇、そして「八変」の後醍醐天皇の治世は短期間ではあれ、「親政」が実現された画期として位置づけられている。それは、天皇権力の再生として特筆されるべき、歴史的出来事と解釈されたからだった。白石の場合、「時勢」への着目により、王威の衰微は止め難いとの認識がある。その点では「九変」の南北朝の分立という事態は、これが決定的状況となったとの認識だった。以後、天皇の力はその意義を喪失、「天下の大勢」が決したとの理解に立ち至る。

以上が、白石が捉えた天皇権力の変化の流れだ。一方で、白石は武家権力の推移にも着目する。**表1**の右側に見える「五変」の流れだ。「九変」観が天皇権力の変化を軸としたのに対し、この「五変」観は武家の権力の趨勢《すうせい》を主軸となす。

武家権力と「五変」史観

「五変」のおおよそは、源頼朝の鎌倉開府を「一変」に位置づけ、源家滅亡後の北条氏による執権政治を「二変」とする。そして足利《あしかが》氏による室町幕府の成立を「三変」、さらに戦国時代の統合を進めた織田信長《おだのぶなが》・豊臣秀吉《とよとみひでよし》の治世を「四変」とする。最終的には、当世の「徳川《とくがわ》」の体制を「五変」と解する。そこでは鎌倉―室町―江戸と続く武家政権の大局が語られており、われわれが通念として持っている認識に、近い考え方が提示されている。というよりも、『読史余論』の「九変五変」観での提案によって通説ともいうべき通念の固定化がなされた。天皇と武家の二重奏が、日本国の権力的特色を演出したとの解釈である。

『大日本史』（茨城県立歴史館蔵）

　ちなみに武家の推移を語る「五変」観のうち、「一変」から「三変」の間に位置する「二変」の北条氏による執権政治、「三変」から「五変」の間に位置する「四変」の織豊《しょくほう》政権は、鎌倉・室町・江戸と継続する源氏将軍の「幕府」体制の間に存在した〝夾雑物《きょうざつぶつ》〟として、その権力を捉える見方も可能となろう。白石にとっての当世つまり「五変」の徳川政権は、源平交替史観*のあらわれとすれば、「三変」の足利に代わるべき立場として、新田《にった》一門の得川（徳川）の覇権掌握で天下の趨勢が確定するとの解釈となる。

白石の歴史観の底流には、朱子学的な合理の思考があった。併せてその『読史余論』自体、将軍家宣《いえのぶ》の「侍講《じこう》」という立場から徳川政権登場の流れが説かれている。いわば現実の徳川体制の必然観が前提となっている。天皇（王家）の衰退と武家の台頭の合理的解釈がテーマだった。

そこには徳川体制の最盛期での歴史観が投影されている。武家を主体とした「武朝《ぶちょう》」主義の考え方である。けれども近世後期には『大日本史《だいにほんし》』＊＊などの影響もあり、尊王《そんのう》思想の高まりで揺らぎ始める。とはいえ、「九変・五変」観は、武家と天皇相互の権力を考える雛型《ひながた》となったことは否めない。

＊「源平交替史観」は武家政権の担い手について、桓武《かんむ》平氏と清和源氏の両者が易姓《えきせい》革命の建前により、交替するとの解釈で、室町期以降に一般化した。江戸後期の史論者、頼山陽《らいさんよう》『日本外史《がいし》』にはその観点が反映されている。平氏の六波羅《ろくはら》政権―源氏三代将軍―北条（平氏）の執権体制―足利（源氏）幕府、という流れが想定されている。

＊＊『大日本史』は水戸徳川家の光圀《みつくに》により編纂《へんさん》が開始され、光圀の死後も二百年余にわたり継続された。神武天皇から後小松《ごこまつ》天皇まで百代の時代があつかわれている。紀伝体の史書として知られ、南朝を正統とす

るなどを特色とした。なお、その史論としての特色については「近世史論集」「水戸学」（『日本思想体系』〈岩波書店、一九七〇～八二〉所収）の解説も併せ参照。

『読史余論』が伝える二つの流れ

徳川体制の現実を是認する白石といえども、武家（幕府）の本質は「覇府《はふ》」との認識だった。中国の儒教的政治概念では、実力・武力による政治統合者を「覇者」と呼称した。それにより築かれた権力の府を「覇府」という。中国の春秋《しゅんじゅう》・戦国期での「春秋の五覇《ごは》」は、それによったものである。〝正統〟の血脈を有する「王」と異なり、力を一義とする。

その点では徳川の幕府は、旧来の「王府《おうふ》」（京都の朝廷）と折り合いをつけながら存在する政治権力である、との解釈だった。となれば「九変・五変」観の根底にある二つの流れとは、〝正統〟なる「王者」（天皇）を軸とした流れ（九変）と、〝正当〟なる「覇者」（武家）を軸とした「五変」の流れ、との理解となろうか。

こうした武家の自己認識にかかわる理解は、いつ頃から存在するのか。別言すれば自らを覇者と解する意識の源流だ。儒教的価値理念の影響下にあったわが国の場合、天皇と武家との関係は、中世以来の通念でもあった。特に「幕府」と呼称された武家をどう整理すべきか。権力秩序としての始末のつけ方が問われ続けていた。

中世もその問題に遭遇した。好例が足利義満《よしみつ》による「日本国王源道義《にほんこくおうげんどうぎ》」をめぐる議論*だった。十五世紀初頭に中国明《みん》王朝からの「冊封《さくほう》」要請に対し、義満はそれを是として「朝貢《ちょうこう》」方式を受容した。義満に付与された「日本国王」とは、冊封関係成立の証しだった。

だが、当然ながら疑念もあった。天子《てんし》(天皇)の存在とは別に、武家が日本国の代表と認定されることへの疑念である。まさに「国王」をめぐる認識だった。要は「王」を、「帝」(中国皇帝)と同等と見るか、下位の立場と解するかの相違だ。

中国では秦《しん》の始皇帝《しこうてい》以前に「皇帝」の号はなく、存在したのは「王」と「侯《こう》」という序列だった。したがって「皇帝」は〝王のなかの王〟という意味で、始皇帝によって用いられた称だった。「王」とは冊封体制下で中国皇帝より封せられた存在で、周辺地域の代表と認定された証しである。外交的に〝小中華帝国〟を自任した日本の場合、「天皇」には「皇帝」と対等との思考が含まれていた。十世紀以降の王朝期にあっては、日本は中国的な外交秩序(冊封体制)から意識的に脱落する方向を選択した。中華思想にもとづく華夷《かい》秩序からの自立により、大陸との関係を断つことで、閉鎖的方向へと移行した。いわば対外姿勢における「閉」の体系への移行である。

白石が「九変」観の最後と位置づける南北朝分立の時代は、武家の「三変」(足利政権)に対応した。天皇親政の掉尾《ちょうび》を飾る後醍醐天皇の建武の新政に代わる、武家権力確立の段階と解されていた。白石にとっては、たとえ「覇王」だとしても、正当性を保持した存在は、〝天道〟からの認知を与えられた存在との解釈なのである。徳川の江戸開府は、武家による秩序の統合者たる故に、正当との解釈だった。その限りでは徳川の「五変」は、武家による新王朝（武朝）の実現段階との理解に繋《つな》がるのだ。

それは頼朝の鎌倉開府（一変）から始まる段階的変化の過程で、北条の執権体制（二変）―足利尊氏の開府（三変）―信長・秀吉時代（四変）の諸段階をへて、純化された武権体制の最終章との位置を与えられている。別言すれば徳川の治世にいたるまで、武家は始発の「頼朝の開府」（一変）以来五度に及ぶ〝脱皮〟をへて、現今に達したとする。「当代に及ぶ五変」に、「本朝大勢の九変」観の「六変」「七変」「八変」「九変」が対応する。それは公武二つの権力体が、それぞれに濃淡を共有しつつ、共存する段階だったことになる。

後世、この白石の史論について福沢諭吉《ふくざわゆきち》（一八三五～一九〇一）は『文明論之概略《ぶんめいろんのがいりゃく》』で「唯《ただ》日本にて政権を執《と》る人の新陳交代を提供した」と理解し、『読史余論』に必ずしも肯定的評価を与えなかった。その評価には疑義が残るとしても、大局的見地から権力の趨勢を論じた本格的史論だった点は動かない。その点でいえば、近代以前の史論として群を抜く存在だったことは疑いない。

＊　十四世紀後半、元《げん》にかわって明王朝が建国され、周辺諸国へ冊封の方針が強化される。日本はこの時期、足利義満政権が誕生、南北朝合一（一三九二年）へと推移し、権力基盤が強化される。朝貢形式を前提とした日明貿易は、室町の幕府権力を経済面で支えた一方で、幕府が秩序の体現者たることを内外に示すという政策的要素もあった。けれども「日本国王」号については、小中華を自任するわが国の場合、将軍と天皇との間に主権の所在をめぐる問題があった。天皇を無視した義満（武家）の独走への疑念が朝廷側にあった。武家側ではこれに対して、「国王」に封ぜられたのは「天皇」ではなく、あくまで天皇の臣下たる将軍に与えられたものと解することで、処理しようとした。つまりわが国の武家（幕府）は、明王朝にたいしての交渉窓口（代理店的役割）と、解すべきだとした。そこにあっては、天皇自体は中国皇帝と対等な立場にあることと矛盾はないとした。かかる解釈で「日本国王」問題を乗り切ろうとした。以上のことについては河内《こうち》祥輔《しょうすけ》・新田《にった》一郎《いちろう》『天皇の歴史4　天皇と中世の武家』（講談社、二〇一一／のち講談社学術文庫）参照。

古典的通説の誕生

当代の徳川体制への肯定観の傾きはあるにせよ、『読史余論』それ自体は、過度の鑑戒《かんかい》思考からの距離は保たれていた。その点でも公武の織りなす権力の推移が巧みに語られていた。いわば〝普通〟の通史の誕生ということだった。王朝衰亡と武家の隆盛という流れは、今日でも常識的理解といえる。白石が多く引用する中世の史論『神皇正統記』の論理も、武家史観からは距《へだ》りがあった。『愚管抄』もまたそうであった。極論すれば前者は〝天皇史〟であり、後者は〝摂関史〟であったからだ。

その限りでは『読史余論』の公武交替史は、バランスの面で〝普通〟への回帰がなされていた。

だが二六〇余年続いた徳川幕府ものちの慶応《けいおう》三（一八六七）年、徳川慶喜《よしのぶ》の朝廷への政権返上（大政《たいせい》奉還）により、武家の幕府は滅亡する。そして天皇を擁した朝廷も消滅する。近代国家は、この二つの権力及び権威体を御破算とすることで誕生した。朝廷・天皇システムはそれまで長きにわたり、存続していた。そのうちの約半分の期間で武家・幕府システムが機能し、天皇（朝廷）と同居した。鎌倉・室町・江戸の武家は、朝権と潜在的に対峙しつつ、相互に補完関係にあったことになる。

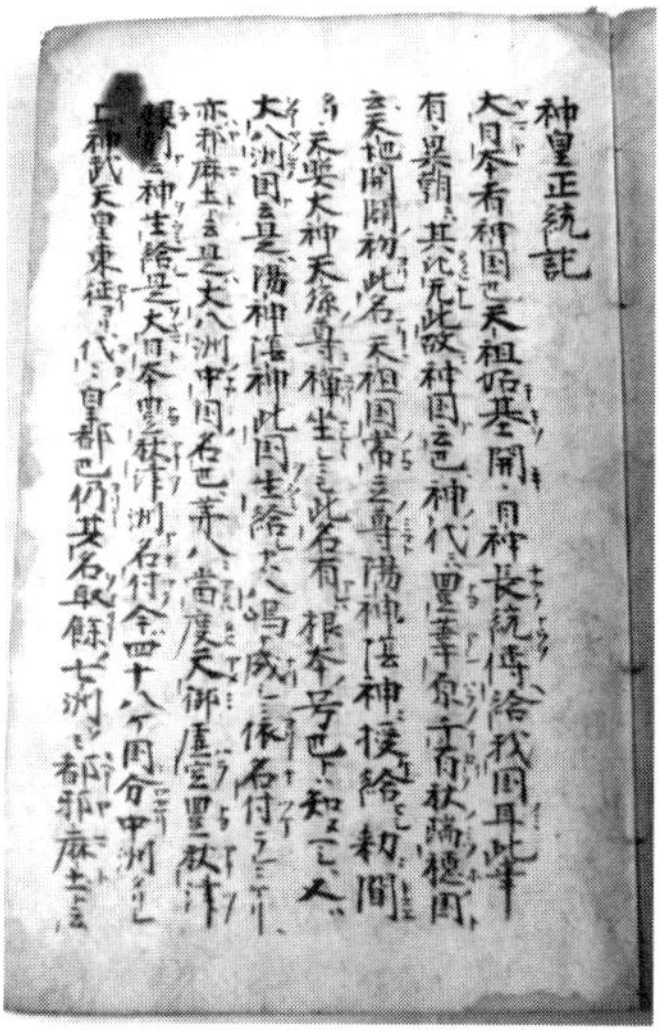
神皇正統記

『神皇正統記』（写真＝朝日新聞社）

『読史余論』が今日的尺度で〝通史〟の祖とされるのは、王威（天皇・朝廷）の変化を基軸にして、「一変」以降では母方の外戚摂関の登場（摂関政治）と「五変」以降の父方院政の二つを画期として解したことだろう。白石が「四変」の後三条天皇と、「八変」の後醍醐天皇による復古政治の段階を、ことさらに画期とするのも、律令《りつりょう》的古代の「親政」

段階（飛鳥・奈良・平安初期）が中国的皇帝理念に合致した「天皇」観にもとづくものだったからだ。

白石の歴史観の出色《しゅっしょく》な点は、武家を主軸とした「五変」観のなかで、三つの幕府（鎌倉・室町・江戸）の存在を、朝廷との関係性のなかに位置づけたことだった。現在における「武家政権」の解釈の源流となっている。武家の「五変」観にあって「二変」の鎌倉体制下での北条執権政治の登場、さらに「四変」の室町体制下での信長・秀吉時代は、武家の幕府システム下で変異・変則的存在と解されている。だが、これもまた今日の教科書の記述を参照しても、大きな違和感はない。いずれにしても「九変・五変」観に示された公武交替史観の定立こそが、『読史余論』の真骨頂だった。

天皇号はどう変化したか

そこで、改めて『読史余論』が語る王権（天皇権力）の推移について掘り下げておこう。九世紀以前の天皇名は文武《もんむ》、天武《てんむ》、聖武《しょうむ》など多くで「武」や「文」の漢語が共有されている。そこには帝王たる治政への形容句が内包され、生前の評価を表す諡号《しごう》としての要素が強い。けれども十世紀の東アジア世界の転換（大唐帝国の滅亡）を契機に、わが国は、それまでの律令国家体制から王朝国家の段階に移行する。そして、それに対応するように、天皇の呼称にも変化がもたらされた。

宇多・醍醐・村上と続く京都の地名や御所名を冠する天皇たちの登場だ。総じて大陸的規範からの解放がなされた結果でもあった。中国的グローバリズムから日本的ローカリズムへの転換が顕在化する。この天皇号の変化は、当該期の律令システムから王朝システムへの推移と対応したことになる。

こうした日本的な天皇号の背景は、『読史余論』の内容を加味すれば、摂政・関白の登場と関係している（「一変」「二変」）。摂政とは「政（まつりごと）を摂（たばね・ふさねる）」ことで、関白の原義は「関《あず》り白《もう》す」（天皇の意思をあずかり、執行する）ことに由来した。天皇にかわる政治の代行・執政の役ということだ。

まず幼帝たる清和天皇（在位：八五八〜八七六）の登場で、藤原良房の摂政たる立場での政治の委任が実現した（「一変」）。そして宇多天皇（在位：八八七〜八九七）時代、関白・藤原基経の登場で（「二変」）、天皇が幼帝たるか否かを問わず、天皇権力の代行を可能とするシステムが制度化される。天皇の象徴的側面の萌芽は、摂関の登場と無関係ではなかった。

宇多、醍醐、村上天皇という天皇名の登場も、そうした流れと対応していた。執政云々《うんぬん》には振幅があるが、摂政・関白が常置される「三変」の冷泉天皇（在位：九六七〜九六九）から後冷泉天皇（在位：一〇四五〜一〇六八）の八代は、天皇不執政が恒常的にシステム化する段階だった。

　そしてこの「三変」は冷泉院の号に示されているように、天皇に対しても「〜院」の表現が一般化する。* ここにも中国的文明主義から離れた日本的ローカリズムへの転移があった。海を隔てて大陸と対峙するわが国の地勢的位置が、〝交流〟から〝隔絶〟への変化を促した。律令体制下の国家間での公的使節（遣隋使《けんずいし》・遣唐使《けんとうし》）の中止にともない、十世紀以降はそれまでの〝開の体系〟から〝閉の体系〟へと移行する。

　前述した京都の地名や内裏の後院《ごいん》名に由来する天皇名の出現は、そうした「閉の体系」下でのローカル志向への所産だったことになる。それでは、『読史余論』が指摘する「四変」以後の天皇の流れはどうなのか。

＊　院号についての指摘は、『神皇正統記』にも語られている。近代に入り森鷗外『帝諡考《ていしこう》』（『鷗外全集』第二十巻、岩波書店）でも触れられている。冷泉院の登場がその後の天皇号の画期をなすとの指摘を含め、その変遷については前述の「天皇の歴史」シリーズに有益な指摘が多い。また、天皇の制度的変化については『帝室制度史《ていしつせいどし》』（吉川弘文館、一九七九）、入門的成果としては児玉幸多《こだまこうた》編『日本史小百科8　天皇』（近藤出版社、一九七八）も有益である。佐伯智広《さえきともひろ》『皇位継承の中世史』（吉川弘文館、二〇一九）、遠山美都男《とおやまみつお》

『名前でよむ天皇の歴史』（朝日新書、二〇一五）等々を挙げることができる。

以下では、右に示した文献を参考にしつつ、天皇号の変遷を略記しておく。まず確認すべきは諡号と追号の違いについてだ。前者は律令体制下の最盛期に登場したグローバリズムの象徴的呼称で、中国皇帝との対《たい》揚《よう》意識によっており顕彰・美称の意味合いが強い。後者の追号は慣用的には、諡号と同一視されているケースもあるが、生前の縁のある場所（地名）や建物に由来し、顕彰・美称の意味合いはない。

50代の桓武《かんむ》天皇までが大枠では漢風諡号的だとすれば、51代の平城《へいぜい》は当該天皇との縁の深い場所が天皇の名に付与される意味合いが強い。52代嵯峨、53代淳和《じゅんな》天皇の場合も別邸や後院《ごいん》に由来する追号だった。けれども54代・55代の仁明《にんみょう》・文徳《もんとく》両天皇については再度漢風の諡号が、56代・57代の清和・陽成《ようぜい》の幼帝は再び追号となり、陽成天皇の強制退位にともない、皇統が変化、58代光孝《こうこう》天皇で漢風諡号となる。

このように、平安期の九世紀末の段階までは、諡号と追号は必ずしも一定したわけではなかった。その後の59代宇多・60代醍醐以降は、中世そして近世を通じ追号が一般化する。本文でも指摘したように62代村上天皇を以《も》って、「〇〇天皇」の呼称は途絶える。この天皇は皇朝《こうちょう》十二銭、六国史《りっこくし》の編纂の最後ということで、若干のブレはあるにせよ、中国的模範からの解放がこの前後に亢進《こうしん》する（幕末になって、すべての天皇を「〇〇天皇」と呼称するように改められた）。

留意したいのはこの後の「〇〇院」と呼称される院号付与の天皇は、「後」の字が付されるケースも少なくないことだ。例えば摂関期の66代一条《いちじょう》から68代後一条の場合と同じく、67代三条《さんじょう》→71代後三条、院政期の72代白河《しらかわ》→77代後白河、74代鳥羽《とば》→82代後鳥羽などは、その好例だろう。ただし漢風の諡号では「後」は付されないことが多い。例えば54代の仁明天皇は漢風諡号のため〝後仁明〟と表現せず、仁明天皇の陵墓のあった深草の地に対応させて、89代後深草《ごふかくさ》院（天皇）とした。あるいは56代清和天皇の場合は、京都郊外の水尾《みずのお》陵にちなみ、清和は水尾天皇とも称されていた。そのため江戸初期の108代後水尾の名はこれによる。近世江戸期も幕末期になると、119代光格《こうかく》以降、仁孝《にんこう》・孝明《こうめい》・明治、今日に続く漢風諡号が再び復活する。指摘されているように、幕末における対外危機にともなう国家意識が、再びグローバル化への転換をもたらした点も大きい。なお、近世江戸期の天皇については藤田《ふじた》覚《さとる》『天皇の歴史6　江戸時代の天皇』（講談社、二〇一一／のち講談社学術文庫）を参照。

『読史余論』のなかの院政

「四変」以降の天皇の流れで特筆されるのは、院政の登場だった。そのなかで、武家の台頭が促されたことだった。「四変」から「五変」、すなわち後三条天皇の一時的親政をへて、白河上皇の院政へと転換が語られている部分だ*。ちなみに昨今の高等学校の教科書では、多くがこの院政期を中世成立の画期としている。かつては武家政権の成立期、すなわち鎌倉開府段階を中世の成立と設定したのに比べ、隔たりが認められる。

院政期を中世成立期とする立場は、この時期が来たるべき武家政権の担い手たる武士の登場を促したからだ。武士の登場は、天皇の流れを主軸とした「九変」観でいえば、「六変」が相当する。また武家が主軸の「五変」観では、「一変」が該当することになる。まさに院政期「四変」・

「五変」を鎌倉政権成立の助走とする理解にもとづいていた。

『読史余論』は、近世的史論での発想である以上、院政期を天皇権力の変質の過程とする立場によっている。ただし、院政期は父系的血脈による皇位継承への転換として、解されている。天皇権力の執行・代行が現天皇の父に限られるとの立場は、皇位継承における父系の優位性を語るものだった。そこでは父子間での権力移譲が重要な意味を有し、摂関期に比べ外戚専権が減少されたところがポイントとなる。

後醍醐天皇影（養福摸） 出典:ColBase（https://colbase.nich.go.jp）

「院政」のシステムは後醍醐天皇の建武体制（「八変」）における最後の「親政」回帰の動きをへて、その政治形態は、形式としてのみ江戸末期まで存続することになる。上皇―天皇という父子の血脈による権力システムは、「至尊」の存続という点で、それなりの役割をはたしたともいえる。天皇のみに権力が一元化されるシステムよりは、もう一つの定点たる上皇（院）を胎内に保持することで、権威なり権力の温存がはかられ、秩序の維持に繋がるとの見方だ。

天皇家内部の政治の執行主体は、天皇の場合と上皇（院）の場合があった。前者が「親政」であり、後者が「院政」である。そして武士・武家の台頭はその院政段階でなされ、やがて武権の確立が上皇（後白河院）との関係で成立することになる。つまりは天皇による「親政」は、武家の権力と相容れないもので、上皇による「院政」の方が、武家との同居が可能なシステムだったということになる。中世を天皇と武家が協調した時代とみなすならば、院政は中世の産物という見方も可能だろう。

かつての律令的親政主義にあっては、天皇の専制が前提だった。それ故、白石が「八変」と認定した後醍醐の「親政」主義は、「院政」（上皇）と「幕府」（武家）の両者ともどもが存在できない流れとなる。南北朝の動乱は、吉野《よしの》の後醍醐・南朝（大覚寺統）が「親政」主義の立場で、武家の足利と対峙した。京都の光明・北朝（持明院統）は「院政」を主軸として、武家（幕府）との同居を選択する。したがって『読史余論』の天皇観にあっては、後醍醐は「親政」主義を標榜《ひょうぼう》した最後の天皇という理解がなされる。

後醍醐による「親政」の復活はその後に消滅し、ここを画期として足利政権から徳川政権へ――「武家の代」へ――完全移行するというのが白石の解釈だった。この観点は後醍醐の「親政」が〝正統〟なる天皇王朝の終焉《しゅうえん》となったことを意味した。要は足利の武家により擁立された「院政」と同居した北朝は、〝正統〟性からは距離があるとの見方であろう。光圀の『大日本史』による南朝正統主義の立場はそれを示していた。

武家（幕府）に代表される権力の行使とは、「武朝」の成立として解釈されることになる。それはわが国の「王朝」は後醍醐天皇の段階で終わりをむかえるとの考え方にも繋がった（この点、『近世史論集』〈前掲〉参照）。

＊「四変」の後三条天皇について若干補足すれば、慈円の『愚管抄』が語る逸話（巻第四〈後三条〉）は天皇の〝振る舞い〟方として象徴的だろう。有名な延久《えんきゅう》の宣旨枡《せんじます》についての場面で、天皇自らが清涼殿《せいりょうでん》の庭に出て、その制定に関与した。そうした行動を「イミジキコト」（すなわち天子として立派な振る舞い）と是認する意見に対し、『愚管抄』は「内裏ノ御コトハ幽玄ニテヤ」とも伝えている。

慈円によれば後三条天皇の行動に関して、幽玄主義（内裏に鎮座し、不動なることを是とする）の立場からは、感心できないとするものだった。慈円自身は明言をさけているが、文脈からは後者の立場にあるようだ。あるいは、慈円の内奥《ないおう》には〝行動する天子〟への警戒感があった。それが、討幕《とうばく》意思を有した後鳥羽院の行動への批判と重なった。『読史余論』での議論に右の点を落とし込むならば、平安後期以降のあるべき天皇像は、〝行動する天皇との決別〟ということなのだろう。天皇の理想的「振る舞い」として、幽玄・不動志向こそが伝統とされた。その端緒は摂関政治の出現と対応するとの見方となろう。

二、「本朝天下ノ大勢」と武家

至尊と至強の分離――「正統」なるものへの志向

徳川以前の武家を考えるにあたり、『読史余論《とくしよろん》』での中軸は「一変」から「四変」が該当する。鎌倉と室町の二つの武権の段階だ。武家は朝廷と半ば対立し、半ば協調する関係を維持しつつ、近世を迎えた。十二世紀末の内乱――源平の争乱（治承《じしょう》・寿永《じゅえい》の内乱）は、武家政権の第一ステージともいうべき鎌倉開府を実現させた。さらに十四世紀半ばの内乱（元弘《げんこう》・建武《けんむ》の乱、南北朝の動乱）は、室町幕府の成立に繋《つな》がった。天皇と内乱との関係でいえば、ともどもが不即不離の関係にあったことになろう。

序でも述べたが、権力なり権威の存在価値を語る表現に、「正当」あるいは「正統」の語がある。それぞれ「セイトウ」・「ショウトウ」と読むが、両者は混用されることが少なくない。概して、前者が即物的な妥当性（力による支配）を強調するのに用いられるのに対し、後者は血脈的な継承性に力点がおかれる。「源氏嫡流《ちゃくりゅう》の正統」とか、書名としての『神皇正統記《じんのうしょうとうき》』などの使用例からもこのことは了解される。その点では「セイトウ」の読み方には「正当」の字が、「ショウトウ」の場合は「正統」が親和性を有するものと、解することも可能だ。

こうした理解を前提に、あえて朱子《しゅし》学的尺度で再定義した場合、「正当」には〝力が正義〟という結果主義の観念が強く、現実の武力的覇権《はけん》が含意されている。対して「正統」は覇権的要素を非とし、血脈に立脚した理想主義への傾きが強い。武家と天皇の問題を考えるさいに、前者を権力、後者を権威という側面から説明する仕方も可能だろう。「尊王斥覇《そんのうせきは》」という朱子学での理念もこれに該当する。

「至尊《しそん》」「至強《しきょう》」なる語句もそうだ。「至尊」を天子に、そして「至強」を実力・権力者たる覇者に見立てるものだ。福沢諭吉《ふくざわゆきち》が『文明論之概略《ぶんめいろんのがいりゃく》』（一八七五）で「至尊ノ位ト至強ノ力トヲ合シテ、人間ノ交際ヲ支配シテ」などと、表現するのがそれであった。丸山眞男《まるやままさお》はこの福沢の「至尊」「至強」論を敷衍《ふえん》しつつ、わが国の天皇と武家との権力の相互の関係を論じた＊（『丸山眞男講義録［第四冊］日本政治思想史　１９６４』東京大学出版会、一九九八）。

丸山は中国皇帝がもつ「至尊」と「至強」の両要素の併有《へいゆう》性との対比を通じ、両者の分裂、すなわち「至尊」たる天皇と、「至強」たる武家（将軍）の分離こそに、わが国の権力構成の特質を見いだそうとした。

丸山の念頭には近世における徳川権力があったはずだが、この考え方は中世に広げることも可能だろう。

いずれにしても政治権力は「正当」を獲得して以降、常に「正統」なるものへの志向を内包することになる。それは「至強」を前提とした武家にあっても、自己の正統性を血脈的な時間に落とし込み、それをある種の〝神話〟的要素で、加工するという流れがある。「正統」化への志向である。

＊　この点については、かつて拙著『戦争の日本史5　東北の争乱と奥州合戦』（吉川弘文館、二〇〇六）二五一ページ以下、さらに『敗者の日本史6　承久の乱と後鳥羽院』（吉川弘文館、二〇一二）二八ページ以下においても論じておいたので、参照されたい。なお、福沢の至尊・至強論が脱亜入欧思考への方向を有したことは、否定できないとされる。けれども、前近代の権力構成の特質を考えるさいは、参考にされるべき視点だと思われる。なお、「正統」及び「正当」の概念については幾種もの議論があるはずで、「幕府」の定義についても昨今、あらためて耕しがなされている。この点、東島誠《ひがしじままこと》『「幕府」とは何か――武家政権の正当性』（NHKブックス、二〇二三）も併せ参照のこと。

「征伐」という「故実」

『読史余論』からは離れるが、前述の「正当」なり「正統」の観念について、もう少し続ける。武家政権におけるその両者の投影のされ方をさぐりたい。この点について武家政権の第一ステージともいうべき鎌倉政権に例をとると、以下のような見取り図を描くことが可能だ。鎌倉の権力はその当初は謀反《むほん》の政権として出発した。この反乱により、地域権力を正当化し、それを認知させたのが、朝廷から源頼朝《みなもとのよりとも》に下された寿永二（一一八三）年の十月宣旨《じゅうがつのせんじ》＊である。これにより朝権の部分委譲が可能となる。それを通じて反乱政権の立場を脱却した頼朝の権力は、「朝敵」からの脱皮を実現する。かくして東国での実効支配を王朝に追認・認知させることで、その権力の正当性が確保された。その後に奥州《おうしゅう》合戦へと進む内乱は、頼朝の権力において自己の「正当」性を純化させた。

平泉《ひらいずみ》藤原氏討滅に向けての奥州合戦（文治《ぶんじ》五〈一一八九〉年）は、反乱政権から出発した鎌倉の権力が「正当」性のみならず、「正統」性に向けた動きを顕在化させた。指摘されているように、かつての頼義《よりよし》、義家《よしいえ》の前九年・後三年合戦での「源家の故実」＊＊を利用した演出も、そうした側面があった。そこでは「源氏神話」の創出に繋げる頼朝なりの算段も構想されていた。謀反性を前提とした頼朝の反乱権力は、内乱の前半では「正当」性の確保に力点がおかれ、後半にはそれを磨き、「正統」性への志向を強める方向に動いたことになる。

その仕上げが建久《けんきゅう》年間（一一九〇〜一一九九）だった。内乱終息後での頼朝の官職的秩序への参入が一つ（権大納言《ごんだいなごん》・右近衛大将《うこんえのたいしょう》・あるいは征夷《せいい》大将軍）。そして二つには、二代頼家《よりいえ》への権力委譲への準備（建久年間の富士《ふじ》の巻狩《まきがり》でのパフォーマンス。建久六〈一一九五〉年の上洛《じょうらく》にさいしての頼家随伴等々***）に加えて、最大の眼目は、天皇との血脈の形成だった。頼朝の娘・大姫《おおひめ》の後鳥羽《ごとば》天皇（在位：一一八三～一一九八）への入内《じゅだい》は、結果は別にしても、正統性に向けての意向が示唆されていた。

頼朝の権勢はその建久の間で、終焉《しゅうえん》をむかえることになるが、遺産は北条《ほうじょう》氏へと継承される。頼朝に象徴される貴種性をもたない執権《しっけん》・得宗《とくそう》北条氏は、土着の在地《ざいち》勢力の伸長のなかで、自己の政権への足取りを強固にした。『太平記《たいへいき》』（巻五）の語る時政《ときまさ》と江島明神《えのしまみょうじん》の約諾《やくだく》が伝える「三ツ《み》鱗《うろこ》」****説話は、北条氏の権力相《そう》承《しょう》を神話化させる中身であった。得宗嫡流による権力委譲の「正当」性と時政以降の血脈に頼る、京都王権からの相対的自立を表している。

承久《じょうきゅう》合戦にあって勝ちを得た関東が、後鳥羽院以下の「至尊」を配流《はいる》し得た後も、北条氏は関東にあって原則「朝廷不介入」の立場を採り続け、かつ官職世界の人事においても距離を保持した。

＊　寿永二年の「十月宣旨」の内容は、『吾妻鏡《あずまかがみ》』に欠落があり、正確な本文は伝わっていないが、そのおおよそは以下の通りとされる。（一）東海・東山諸国の年貢、神社、仏寺や王臣家領の荘園は、もとのように領家に従うこと（『百練抄《ひゃくれんしょう》』）（二）不服で従わない者がいれば、頼朝を通じ処置するように（『玉葉《ぎょくよう》』）。

こうした権限は一般に「東国沙汰《とうごくさた》権」と呼称されているが、その背景には、同年七月の平家一門の西走と義《よし》仲《なか》の入京があり、反乱政権として出奔した頼朝の東国政権は、同家（朝廷）内部での認知が与えられたことになる。

＊＊　具体的にいえば頼朝が奥州合戦において源家にかかわる過去の故実を利用したことだ。一つは、前九年合戦（一〇五一〜一〇六二）で、先祖・頼義による安倍貞任《あべのさだとう》討滅の故実を再現させたことを意味する「陣《じん》ケ岡《おか》の故実」。敗死した藤原泰衡《やすひら》の首級《しゅきゅう》を陣ケ岡に置き、多数の鎌倉御家人《ごけにん》の眼前で「長八寸ノ鉄釘ヲ以ツテコレニ打チ付ク」とあり「祖父将軍朝敵ヲ追討スルノ比、十二ケ年ノ間、所々ノ合戦勝負ヲ決セズ、年ヲ送ルノトコロ、ツヒニ件ノ厨河ノ柵《さく》ニオイテ、貞任等ガ首ヲ獲タリ。曩時《のうじ》ノ佳例ニヨツテ、当所ニ到リテ泰衡ヲ討チ、ソノ頸《くび》ヲ獲《う》ベキノ由、内々思案セシメタマフ」（『吾妻鏡』文治五年九月二日条）とみえるのがそれである。

二つ目は後三年合戦（一〇八三〜一〇八七）の故実の再現である。頼朝は奥州追討に向けての宣旨や院宣の公的命令を要請し続けたが、後白河《ごしらかわ》院は「時宜ヨロシカラズ」として、奥州進攻を認めなかった。頼朝はそれに対し、後三年合戦における源義家の出羽《でわ》での故実（清衡《きよひら》と家衡《いえひら》の内紛にさいし、清衡に加担して、奥州藤原氏の誕生に貢献したとの部分的史実）を前面に出し、平泉藤原氏の源家家人《けにん》化を主張する。いわば「家人成敗」の論理を持ち出し、奥州討ち入り正当の根拠とした。『源平闘諍《とうじょう》録』にも伝えられるこの論理は、鎌倉側が奥州進攻を正当化する一方的口実だった。けれども、前九年なり後三年なりの戦いの記憶は、その後の関東の新政権にとって、多くの関東武士がこの東北の征夷戦に参陣したことが、源家の家人たることの「証し」として作用した。

奥州との戦争は鎌倉政権に参じた武士たちにとっても〝共同幻想〟の神話草創の舞台を提供したことになる（この点、拙著『東北の争乱と奥州合戦』〈前掲〉参照）。前九年・後三年という東北を舞台にした二つの戦いは、古代以来の〝征夷〟の観念の再生に繋がった。併せてその〝征夷〟の内実は、過去の戦いが育んだ因縁に、家人化という論法での〝成敗〟の行使により、実現されたものだった。

＊＊＊　建久年間は、内乱が終息し、戦争から平和への転換期にあたる。頼朝の嫡男・頼家に後継するためには当該期、血脈上の「正統」性を内外に示すことが求められた。対御家人には、建久四（一一九三）年の富士の巻狩という東国武士たちが集う、武威高揚というデモンストレーションの場で、頼家の弓箭《きゅうせん》の力量を披露させるという演出がはかられた。そして建久六（一一九五）年の頼朝の上洛においても、頼家をともなうことで、自己の後継となるべき存在を王朝の権門《けんもん》に認知させることがなされた。

＊＊＊＊　時政が江島明神に参詣のおり、明神の加護により「日本ノ主」との託宣が与えられ、夢から覚めると鱗が三つ残されており、それを北条氏の家紋としたとの説話。

「武士」から「武家」へ

そこで、「武家」とは何か——。当たり前すぎて疑念さえ持ち得ない語だが、武力・軍事力により武権を行使することを認定された存在。そんな解答をしたとしても、さほど深さのある内容ではないはずだ。そもそも、その武家の主要な構成者たる武士とは何か。それ自体が難問でもある。武士とは武力を職能とした身分・制度上の呼称である。その点では、武的領有者たる「兵」

（ツワモノ）なり「武者」（ムシャ）と親和性を有する。そして武家は、身分としての武士を全般に統括する権力体と定義できる。

けれども「武士」は社会的・実態的呼称の「兵」とは異なる。「兵」は、彼らがその誕生当初にあっては、反社会的存在としての側面も有していた。武士の場合「士」という漢語に適合するように、権門《けんもん》に奉仕する者として位置づけられる。かくして身分としての「武士」が成立する。「兵」はその意味で「武士」の語に先行する。「武士」の多くが地域の領主である場合もあるが、全ての「武士」が領主であったわけでもない。

いずれにしても「武士」であるためには社会的・国家的認定が必要とされた。つまりその〝出生証〟ともいうべき「兵ノ家」たる出自が求められた。兵から武士への転換のなかで、諸権門の武的奉仕の「侍《さむらい》」と同義と解され、身分的秩序に包摂された。「武家」はそうした様々な側面を統合する権門として機能する。それ故に「武家」は「武士」の意向の代弁者であるという側面のほかに、その利益を抑制する面もあった。

本来「家」とは三位《さんみ》以上の貴族の居所の呼称で、「宅」とは区別される。（「家」の呼称は大伴《おおともの》家持《やかもち》の例でもわかるように、「ヤカ」「ヤケ」と訓じて、「公家」はまさに「コウケ」「クゲ」「オホヤケ」と呼称される。すなわち公的要素が「家」自体に内包されていた。したがって「公家」と並立し得る「武家」の概念は軍事的貴族としての側面が随伴する。「家」の呼称は国家権力の分掌《ぶんしょう》者に付与されるものだった。

「武士」はその誕生から、成長へのプロセスのなかで、時として国家権力（朝廷）と対決・対峙《たいじ》する場面もあった。しかし次第に、武家という権力体の構成員として位置づけられるようになるにしたがい、牙《きば》を抜かれ、国家の体制内権力として安全弁の機能を果たすにいたる。『平家物語』以下の軍記は、院政期に源平両家が朝家（公家）の軍事装置を担う機能として、位置づけられるなかにあって、そうした武士の役割を伝えたものだ。

平安の後期以降、国家的行事を主催する「公家」に加え、祈る行為を軸とする宗教権門たる「寺社家」、さらには戦う人々の集団たる武力担当の「武家」、その諸権門が相互補完的に国内権力を構成（権門体制）する流れが顕著となる。だから、「武家」の登場は武士の利害を制御することもあり得た。その点では〝武士の敵は武家〟との逆説的な表現も可能となる。「武士」が「武家」の構成員となった段階で、「武士」一般の利害の調停者たり得る状況が現出する。それが存在としての「幕府」の役割だった。そして、その幕府もまた、国家的認定に対応する表現といえる。

武家の府たる幕府の語感には、武権の委任・委譲の観念がともなった。ここで指摘しようとするのは、あくまで「幕府」なるものの観念に関してのことだ。そうした幕府の観念は、自らを「関東」と称した鎌倉の権力が、当初より抱いていたものではない。

江戸末期、尊王思想が芽吹くなか、武家＝幕府の立ち位置が問題にされたときに天皇との〝始末のつけ方〟をめぐり、「武権の委任・委譲」の是非が問われ始めたのだった。この点はⅢでも指摘するが、国学や水戸学の水位の高まりで、大政《たいせい》委任論が市民権を得た結果として登場するものだった。

常識のなかの「幕府」観

鎌倉を政治的磁場とした武家の権力は、後世、「幕府」と呼ばれた。幕府と表現する場合の常識では、歴史観念としては武家の政府、すなわち軍事政権の意味で用いられる。その点で鎌倉政権が幕府の名に値することは明らかだ。

付言するなら鎌倉の地名を冠した「鎌倉幕府」の呼称が生まれたのは、後世に鎌倉から別の場所に武家政権が移った後だった。当たり前だが頼朝自身、その政治的居所を「幕府」と名づけたりはしない。ちなみに『吾妻鏡』では「幕府」の表現について、〝建物〟や〝居館〟を指摘する用例は認められるにしても、政権自体を指し用いる例は見当たらない。

幕府とは、天皇による権力システムの一翼を担うところに本質がある。いうまでもなく漢語での「府」とは、「国府」や「鎮守府」の事例でもわかるように、公権の執行機関たるところに特色があった。ただし「幕府」は、平時の制度・行政上とは区別される非常時体制下での呼称だった。朝廷にとっては非常時といえ、体制内での権力システムであろうことに変わりはない。その点で将軍出征時における幕営《ばくえい》内での軍の呼称という語義は、朝廷（公権）への忠実な軍政執行が前提とされる。

反乱政権を脱し、公権を分与・委任されたことは反乱勢力が体制内システムへと移行したことを意味した。この点は前にふれたように寿永二（一一八三）年十月宣旨にともなう東国沙汰《とうごくさた》権の分与がそれにあたる。その限りでは、反乱政権の公権の接触（合法化）という事態が進行する。したがってその後の守護《しゅご》・地頭《じとう》制の重視（一一八五年説）も、右近衛大将就任（一一九〇年説）、さらには征夷大将軍就任（一一九二年説）も、いずれも東国政権が武家としての立場を、深掘りする過程といえる。*

寿永二（一一八三）年段階を皮切りとした源家の右肩上がりのその後の画期は、武権の成長の視座からのものだ。他方で、朝家《ちょうか》（朝廷）に視点を置いた場合、右近衛大将あるいは将軍補任《ぶにん》にともなう官職授与は、鎌倉殿たる武家の首長を体制的秩序に組み入れるという意味で、これまた画期とされた。比喩的にいえば、〝あばれ馬たる武士〟を調教させ得た段階ということになる。別言すれば「内乱の十年」をへることで、朝家はその体制内に武家の組み入れを達成させたともいい得る。

「幕府」なる語をどう想定するかによるが、原義から考えるならば、鎌倉の武権は、当初の国家体制外から内乱後の建久段階で体制内の存在となった（研究者によっては、それを「王朝の侍大将」的立場として解す考え方もある）。そうした点を前提にすれば、幕府とは体制内認知の武権であり、反秩序や騒乱を鎮圧すべき役割（国家守護権）を分与された存在、といえる。体制内システムとしての武家の存在は「内乱の十年」を通じて、幕府として認知されたことになる。

＊「幕府」は中国の古典的用法では、出征中の将軍の軍政をなす幕営を意味する、「柳営《りゅうえい》」と同義だった。この点を前提にして考えた場合、昨今話題とされるのが、幕府成立の時期を問う議論だ。いわゆる〝イイクニ〟（一一九二年）説と〝イイハコ〟（一一八五年）説をめぐる問題だろう（一般書ながら石井進《いしいすすむ》『日本の歴史7　鎌倉幕府』〈中央公論社、一九七三／のち中公文庫〉での解説が基礎的知識を提供する。そのなかで石井説は治承四〈一一八〇〉年段階での反乱政権としての性格に力点をおいている）。一般的に幕府成立の画期として注目されてきたのは、①一一八〇年説（頼朝が鎌倉に居所を定めた挙兵段階を重視）、②一一八三年説（寿永二年の十月宣旨による東国沙汰権を、王朝から委任・承認されたことを重視、謀反性・反乱性から脱却したところに画期をおく）、③一一八五年説（文治《ぶんじ》元年、平家討滅にともない、義経《よしつね》問題を機とする守護・地頭制の誕生を重視する、いわば武家の権力の全国レベルでの浸透に力点）、④一一九〇年説（奥州合戦後の建久元年における頼朝の上洛により、王朝京都より権大納言・右近衛大将に任ぜられたことに比重を置く立場）、そして⑤一一九二年説（建久三年の征夷大将軍就任の段階を画期とする立場）である（なお、この鎌倉幕府成立学説が史学史的にどのような意義を存するかについて、かつて拙稿「「鎌倉」とは

なにか――「鎌倉殿」あるいは「関東」――」〈『中世文学』五九、二〇一四〉で、ふれたので参照されたい)。

主流となる③⑤に共通するのは――。前者の一一八五年説は、武家の権力の守護・地頭制にともなう全国レベルでの浸透性に眼目がある。後者の一一九二年説は、伝統的理解により、幕府の字義に対応させた立場で、将軍職の委任を前提とする。この両説について、「名」「実」論で置き換えるならば、一一八五年説は「実」(実態面)において、幕府の成立を解することになり、一一九二年説は「名」(形式面)での立場ということになる。その点ではこの両説は互いに対立するものではないとの交通整理も可能だろう。

お手本なき時代へ

建久年間は鎌倉殿が官職体系に包摂され、その証しとして右大将家なり将軍家なりの呼称が表明された段階で、京都朝廷は武家を「幕府」と認知したことになる。武家が「正当」性に加えて「正統」性に向けて舵《かじ》を切ったとき、〝公武《こうぶ》合体〟というシステムが誕生する。朝廷による軍事権門たる武家への「諸国守護権」の委任を前提にして、武家は「幕府」たり得たことになる。

「鎌倉殿」とはその限りでいえば、治承四(一一八〇)年の内乱勃発時の反乱政権のなかで誕生しており、当然ながらその「天下草創」においては簒奪《さんだつ》性が前提となる。だが当初の、鎌倉殿を首長とあおぐ反乱勢力は、京都朝廷とは相容れない立場だった。その限りではそこに「幕府」の呼称を付与することはできない。「内乱の十年」をへて、将軍という職責の委任がなされて幕府なる呼称は可能となる。「幕府」の概念には王朝権力との調和性や親和性がともなう。王朝権力の一分肢としての存在だった。別言すれば、内乱をはさみ、その入口の治承段階は、「関東」「鎌倉殿」「天下草創」が同じゾーンで収斂《しゅうれん》されるし、その出口の建久段階は、「幕府」「将軍」の理念が重なる。

こうした形で登場した「幕府」は、一国二制度というべき特異な政治システムをわが国に定着させ、武家の権力は以後七百年にわたって、その歴史を規定した。その「武家」＝「幕府」の存在は、天皇（院）ともども日本国にあって権力＋権威の源泉として作用することになる。

そして、その七百年を規定した武家による幕府のシステムは、天皇との同居を前提とすることで、お手本なき権力秩序を構築したことになる。考えてみれば、武家が権力の担い手となった日本の中世・近世は、東アジア世界にあっても、特異な権力構図を提供した。中世・近世をはさむ古代そして近代は、ともどもがお手本を有した。古代国家は中国（唐）が、そして近代国家に至っては欧米が、お手本として機能した。

その点では強弱の差はあっても、天皇・朝廷を戴《いただ》く京都は中・近世を通じても都であり続けた。この点を前述の至尊・至強の議論とすり合わせるならば、次のような理解が得られる。

十二世紀末の内乱で至強的存在として、自己主張を展開した武家は、至尊的存在の天皇を京都という場に温存させつつ、新たに鎌倉を軸に武家の権力体を構築した。そこにあっては至尊的天

「至尊」「至強」の権力形態図（図1）

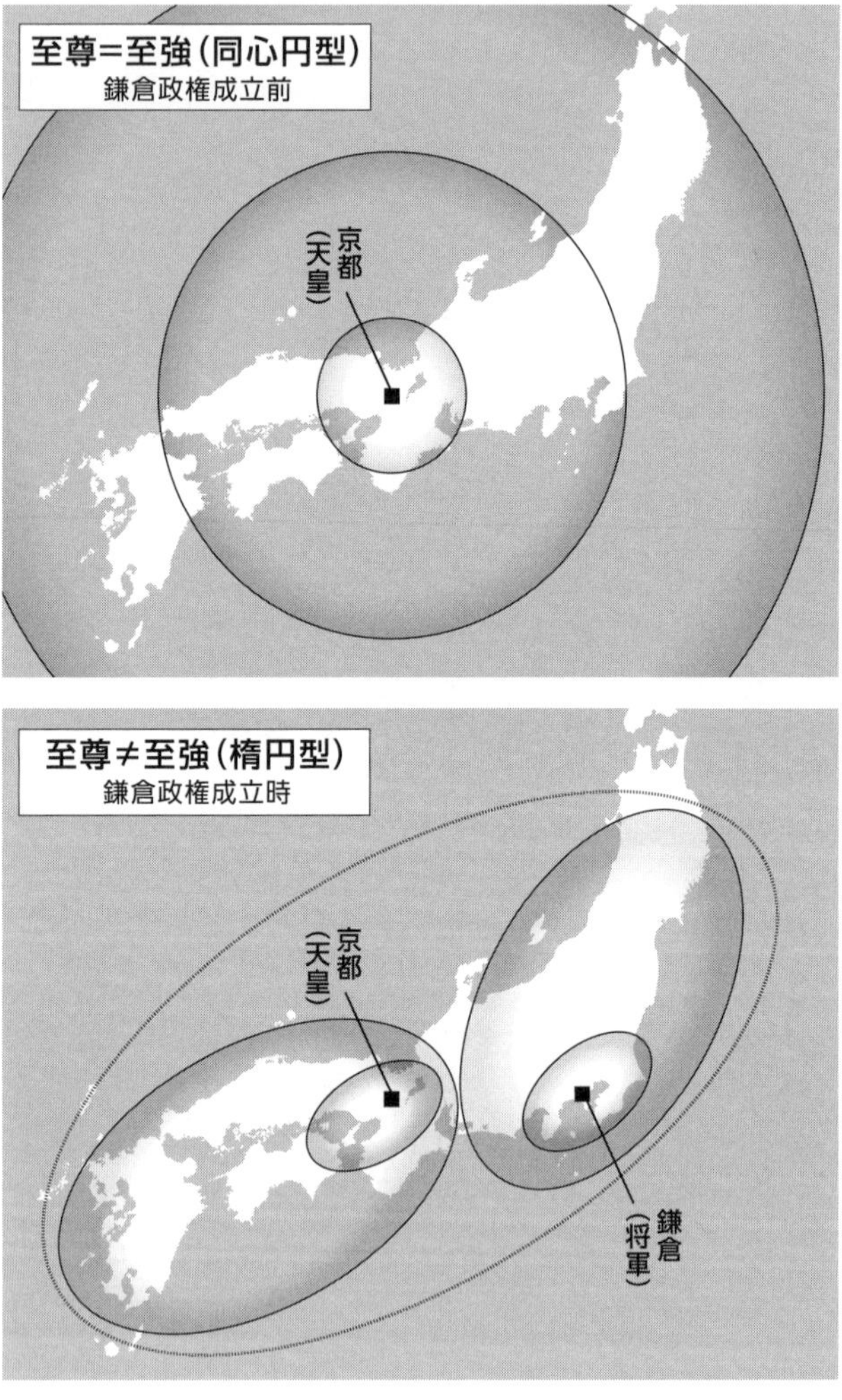

皇と、至強的将軍の二つを中軸とする楕円《だえん》が、日本国の秩序を構成したことになる（**図1**）。

かつての古代国家は、至尊と至強が天皇自身に併有《へいゆう》されていた。いわば中華皇帝思考と同居するシステムだった。平城・平安京を軸とした強大な集権国家は、それを通じて実現された。権力の分割構図でいえば、中世は武士の台頭で、武権に代表される至強的要素が王朝から分離されるなかで形成される。

以上の点からも了解されるように、武家登場以前の古代は、一極的同心円の権力体であった。これに対し東国に、もう一つ政治的磁場が築かれることになる。かくして異なる中心軸の権威・権力が併存したことになる。つまり二つの軸を有した楕円構造の権力体が創出されたともいえる。至尊（権威）と至強（権力）の分裂という、かつて福沢諭吉が指摘した権力上の特質については、このように構図を設定できる。

選択の中世

中世は選択の時代だった。政治システムとして新興の武家なのか、あるいは在来の天皇（院）なのかという選択である。鎌倉そして室町という二つの「幕府」に特色づけられた中世は、天皇を廃することがなかった。温存することで、間欠泉《かんけつせん》のごとく天皇の権力回帰が叫ばれた時期もあった。後世の幕末に「尊王思想」が高揚されるにさいし、「承久」と「建武」の記憶が浮上する。

例の『読史余論』が語るところでは、「承久」「建武《けんむ》」の転換期にあって、時代は北条そして足《あし》利《かが》の武家を選ぶことになった。後鳥羽が主体となった前者は敗北に終わったが、後醍醐《ごだいご》の後者は勝利する。だがそれは一時的なものであり、足利に敗北した後は幕末・明治に記憶の足場を提供し、再びの「王政復古」に結ばれる。「建武」という王政復古の記憶が〝拠《よ》り処《どころ》〟として作用し、近代国家はそれを「建武の中興」として位置づけた。

　明治新政府は江戸の幕府を否定、さらには中世の鎌倉・室町の至強権力を否定するために、栄光の吉野《よしの》・南朝の記憶の再生が必要とされた。吉野・南朝の是認論に基づく南朝正統主義を標《ひょう》榜《ぼう》する『大日本史《だいにほんし》』的思考は、王政復古に向けての指導理念としては、恰好《かっこう》の思想的基盤を提供したことになる。そのことはしばらくおくとして、繰り返すが中世における武家についていえば、かつて武朝主義を標榜した『読史余論』にあっては、徳川体制への道筋を天皇権力の衰退と武家の隆盛の両者の複眼的思考のなかで認識したことになる。

　その壮大な見取り図が今日的通説の祖型だとしても、至尊・至強論の双軸的楕円構造で捉え直すならば天皇を軸とする「九変」観には至尊的な円形構造が、そして武家の「五変」観には至強的な円形構造が、それぞれ対応していることも看取されるはずだ。それにのっとれば、われわれは『読史余論』が主張する武家中心の公武交替史観とは別の観点から、「選択の時代」たる中世を捉えなおすことが可能となるのではないか。

Ⅱ

内乱期、「王威」と「武威」の諸相

一、東西両朝と十二世紀の内乱

これまでは、抽象的中身が少なくなかったが、Ⅱでは具体的内容に踏み込み、中世の画期をなした二つの内乱について考えたい。一つは十二世紀末、治承《じしょう》―元暦《げんりゃく》期段階での安徳《あんとく》・後鳥羽《ごとば》両天皇の東西の両朝の流れである。そして二つは十四世紀半ば、元弘《げんこう》・建武《けんむ》期段階以降の後醍醐《ごだいご》天皇を軸とする南北両朝の流れだ。これらの段階はそれぞれ、鎌倉・室町の両権力が自己の武権を創出させた画期と重なる。当該期の天皇及び武家の実相について、「王威《おうい》」あるいは「武威《ぶい》」をキーワードに検討する。

十二世紀末の内乱は、広く「源平の争乱」と呼称され、『平家物語』の伝える虚実が流布し、人々に共有化されている。伝説は実在化され観念として血肉化され、内乱の時代の再解釈を可能とさせる。それはもう一つの内乱――南北朝の動乱――に取材した『太平記《たいへいき》』の場合にも共通する、内乱が生み出したこの二つの軍記には、奇《く》しくも武家や天皇の諸相が活写されており、中世人の声を聴くことにも繋《つな》がるはずだ。

以下では、「東西両朝」にまつわる十二世紀の内乱を俎上《そじょう》に載せて、「王威」と「武威」の諸相について考えてみたい。

1 王威の再生—其の一

治承・寿永の乱と安徳・後鳥羽——東西両朝

抑《そもそも》コノ宝剣ウセハテヌル事コソ、王法《おうぼう》ニハ心ウキコトニテ侍《はべ》レ。コレヲモコ、ロウベキ道理、サダメテアルラント案ヲメグラスニ、コレハヒトヘニ、今ハ色《いろ》ニアラハレテ、武士ノキミノ御マモリトナリタル世ニナレバ、ソレニカヘテ、ウセタルニヤトヲボユル也。

（『愚管抄《ぐかんしょう》』巻五）

〈宝剣が失われたことは、王法〈国王の法による政治〉にとっては憂《うれ》い多いことだが、それも道理の定めだ。それが現実のこととなって顕《あらわ》れたのだろうか。武士の世となり君（天皇《てんのう》・院《いん》）を

守護する状況になったために、宝剣はその役割を終えて消えたのだと思われる）

『愚管抄』が語る著名な一節だ。著者の天台座主《てんだいざす》・慈円《じえん》は、摂関家《せっかんけ》出身で九条兼実《くじょうかねざね》の同母弟でもある。同書は承久《じょうきゅう》の乱直前、幕府と朝廷が緊張状態にあった一二二〇年頃の成立とされる。

慈円は、朝廷側の人間だが、そこには武家（北条《ほうじょう》氏）打倒に向けて執念を燃やす後鳥羽院の〝暴走〟をおさえるべく、武家の世到来の必然が説かれている。壇《だん》ノ浦《うら》での安徳帝入水《じゅすい》と神器《じんぎ》（草薙剣《くさなぎのつるぎ》）の喪失《そうしつ》にともない、かつて王家の担うところだった武力（剣）を、武家が代行するに至ったと説く。「武士ノキミノ御マモリトナリタル世ニナレバ」が主張の眼目だった。武士が神器（宝剣）の代役を担う世が到来したこと、それが道理である以上は、現実を認めるべきだとの立場だ。「理想より現実を見極めよ」――そんな観点だろう。

『愚管抄』は後鳥羽院の蜂起への諫言《かんげん》をふくむ史論であったとされる。慈円にとっては、治承・寿永《じゅえい》から承久までは連続的時間層にあった。その点では安徳（在位：一一八〇～一一八五）・後鳥羽（在位：一一八三～一一九八）の両朝冊立《さくりつ》は、伝統の朝家《ちょうか》と新興の武家、両者の攻めぎ合いの時期と重なった。宝剣海没は武家台頭の現実を受け入れるための方便だとしても、安徳帝ともども海没した出来事に、「王威」衰運も暗喩《あんゆ》されている。

慈円による現実の読み解き方は、天照大神《あまてらすおおみかみ》の子孫たる天皇家を、春日大明神《かすがだいみょうじん》を戴《いただ》く摂関家と八幡神《はちまんじん》の武家が、補翼《ほよく》しつつ権力を維持することが「道理」だとする。それ故に後鳥羽院による王威の再興・再生の企《くわだ》ては、現実を無視したものとの理解が与えられた。王朝の体内に武家という〝異物〟を宿した以上は、免疫機能を保持した形での権力システムの構築が問われる。比喩的に表現すれば、そういうことだ。

新参の武家を容認することでの共同統治（公武合体《こうぶ》）の方向が、模索されたことになる。十二世紀半ばの保元《ほうげん》の乱以降を、「武者ノ世」到来と見通した慈円にとって、西海への安徳天皇の動座《どうざ》と海没は、「心ウキコト」だった。だが、それ以上に、関東に誕生した武家との折り合いも、関心事だった。

それでは、慈円をして王威衰退と嘆かせた、二人の天皇たちはどんな運命を辿ったのか。両王朝の血脈関係は**巻末系図Ⅳ**を参照してもらうとして、まずは後鳥羽天皇とその周辺の推移をながめる。後鳥羽は高倉《たかくら》天皇（在位：一一六八～一一八〇）の第四皇子として、治承四（一一八〇）年七月に誕生、母は七条院殖子《しちじょういんしょくし》である。後鳥羽誕生の時期は治承・寿永の内乱勃発と重なる。そして、その即位は異例を極めた。寿永二（一一八三）年七月の平氏一門の都落ちにともない、兄の第一皇子・安徳は西海へとともなわれていた。都での空位の状況下の同年、祖父・後白河《ごしらかわ》院の意思で、翌八月に尊成親王《たかひらしんのう》（後鳥羽）が践祚《せんそ》する。三種の神器は安徳帝を擁する平氏が持ち去っており、神器なしの即位だった。

【12世紀の内乱(十年の内乱)・年表】(表2)　※和暦は左が源氏、右が平氏の元号

保元1		1156	7月、保元の乱勃発
平治1		1159	12月、平治の乱勃発
永暦1		1160	源頼朝、伊豆蛭ケ小島へ配流
応保1		1161	9月、憲仁親王(高倉天皇)誕生(母・平滋子)
仁安2		1167	平清盛、太政大臣に就任
仁安3		1168	平清盛、出家
嘉応2		1170	「殿下乗合」事件
承安1		1171	12月、平徳子、高倉天皇の后に入内
治承1		1177	鹿ケ谷謀議が発覚し、俊寛ら鬼界ケ島に配流
治承2		1178	11月、言仁親王(安徳天皇)誕生(母・平徳子)
治承3		1179	7月、平重盛、42歳で死去 11月、平清盛、後白河法皇を幽閉(清盛のクーデター)
治承4		1180	2月、言仁親王(安徳天皇)践祚 4月、以仁王、平氏追討の令旨を下す 5月、源頼政と以仁王、宇治の合戦で敗死 6月、福原遷都 8月17日、源頼朝、挙兵し山木兼隆を討ち取る。23日、石橋山の合戦で頼朝敗北 9月、木曽義仲、挙兵。7日、市原の合戦 10月、源頼朝、富士川の合戦に勝利 12月、平清盛、都を京に戻す。重衡、南都・奈良を焼き討ち
治承5	養和1	1181	1月、高倉上皇、没する 閏2月、平清盛、64歳で死去 3月、尾張墨俣の合戦で源行家敗北 6月、木曽義仲、横田河原の合戦で城長成を破る
治承6	養和2 寿永1	1182	養和の飢饉
治承7	寿永2	1183	5月、木曽義仲、倶利伽羅峠の合戦で平氏に勝利 6月、木曽義仲、篠原の合戦で平氏に勝利 7月、平家一門、都落ち 8月、尊仁親王(後鳥羽天皇)践祚。平家一門、大宰府に到着 閏10月、緒方維義、大宰府の平氏を攻撃。平氏、屋島に逃れる。平重衡、水島で木曽義仲を破る 11月、木曽義仲、法住寺の後白河法皇を攻撃
元暦1	寿永3	1184	1月、源範頼・義経、宇治・勢多の戦いで木曽義仲を破る。義仲、粟津で敗死 2月、源義経、一ノ谷の合戦に勝利 3月、平重衡、鎌倉へ護送 8月、源義経、検非違使・左衛門少尉に任官される 12月、藤戸の合戦
元暦2	寿永4	1185	2月、屋島の戦いで源氏勝利 3月、壇ノ浦の戦いで平家滅亡(治承・寿永の乱、終わる) 4月、頼朝、無断で任官を受けた家人らを処罰
文治1			11月、守護・地頭の設置
文治5		1189	9月、頼朝、奥州を平定(奥州合戦、終わる)
建久1		1190	11月、頼朝、上洛。権大納言・右近衛大将に就任

ここに平家が擁した西海の安徳と、京都の後鳥羽の二人の天子が、東西に分かれ並立する東西両朝が現出した*。両朝の並立が続いたのは、翌々年の元暦二（一一八五）年三月、平家が壇ノ浦の戦いで敗れて滅亡するまでの二年弱におよぶ期間だった。

王統の分立が消滅し、皇統は後鳥羽天皇へと一元化する流れとなる。天子《てんし》を戴くという点では、平氏が安徳帝を仰いだのに対し、新興の源氏は後鳥羽の王朝を是とした。

頼朝《よりとも》は安徳天皇の年号である「養和《ようわ》」そして「寿永」を拒み、安徳以前の「治承」を用い続けたことからも、この点は了解される。頼朝の源氏勢力は、安徳在位中にあっても、「治承」を用い続け、後鳥羽の天皇即位後の「元暦」の段階に至って、これを容認した。「関東」の新政権にとって、東西両朝の分立は、自己の政治姿勢を明確に示すことに繋がっていた。

十二世紀の内乱は、武家にあっては源平両家の確執として表面化し、天皇の血脈では、王家の分裂として顕れた。いずれにしても、十四世紀の南北朝との対比からすれば、天子が都を離れ、王朝の分立がなされたことは、特筆されるべきことだ。

次にもう一人の天皇・安徳と周辺の出来事を、その誕生から年表風に振り返りつつ、整理しておこう。

言仁《ときひと》親王（安徳）は高倉天皇の第一皇子として、治承二（一一七八）年十一月に誕生した。母は清盛《きよもり》の娘・建礼門院徳子《けんれいもんいんとくし》で翌月親王宣下《せんげ》がなされ、続いて立太子《りったいし》、翌々年の治承四（一一八〇）年、三歳での天皇即位となる。徳子は懐妊中から清盛との政争で敗死した藤原成親《ふじわらのなりちか》や俊寛《しゅんかん》らの怨霊《おんりょう》に苦しめられ、難産だったとされる。『平家物語』にも清盛が安芸《あき》厳島《いつくしま》社に詣で、祈願の末に誕生をみたとある。一門の期待を担った天皇の誕生で、その喜びも大きかった。外戚《がいせき》の実現を急ぐ清盛にとって、高倉天皇に次いでの〝平家の天皇〟の誕生だった。だが、その在位は、あまりにも短かった。

治承四（一一八〇）年二月、安徳天皇が践祚。その二カ月後には、内乱の予兆ともいうべき以《もち》仁王《ひとおう》・源頼政《みなもとのよりまさ》の乱がおきる。同年六月には福原《ふくはら》への遷都があり、安徳もまたここに遷幸《せんこう》する。しかし、新都での造営は進まず、再び京都にもどることとなる。諸国源氏の蜂起のなか、翌年閏《うるう》二月、総帥の清盛は死去する。その後の源（木曽《きそ》）義仲《よしなか》との北国戦線で敗北した平家一門は、寿永二（一一八三）年七月、天皇も一門にいだかれ、西国へと赴くことになる。年表にもあるように、平家一門は八月に大宰府《だざいふ》方面を拠点としたが、一《いち》ノ谷《たに》・屋島《やしま》と西海合戦で敗北を重ねた。元暦二（一一八五）年三月の長門《ながと》壇ノ浦での戦いにおいて、安徳帝は平家一門とともに入水し、終焉を迎えた。在位五年の過半は内乱とともにあったことになる。

駆け足で安徳帝の足跡を語ると右のようになろうか。この安徳天皇については、父の高倉天皇と併せ平家王朝と捉えることも可能だ（高橋昌明《たかはしまさあき》『平清盛　福原の夢』講談社選書メチエ、二〇〇七）。その高倉天皇についても、ながめておく。

高倉天皇は平氏の滋子《じし》（建春門院《けんしゅんもんいん》）を母とした。後白河《ごしらかわ》天皇の第七皇子として永暦《えいりゃく》二（一一六一）年九月に誕生（誕生の翌日、応保《おうほう》に改元）、名は憲仁《のりひと》で仁安《にんあん》元（一一六六）年に、甥《おい》の六条《ろくじょう》天皇（在位：一一六五〜一一六八）の皇太子となる。六条天皇の父・二条《にじょう》天皇（在位：一一五八〜一一六五）は、後白河の嫡流《ちゃくりゅう》として美福門院得子《びふくもんいんとくし》（近衛《このえ》天皇の生母）との関係も強く、朝堂内でも期待値が高かった。

そもそも後白河天皇（在位：一一五五〜一一五八）の即位は、異母弟・近衛天皇の早逝にともない、二条天皇の本格登板までの臨時リリーフ的役割と解されていた。「治天《ちてん》」たる立場は、上皇・後白河院の掌握するところだったが、その後継たる二条天皇の親政志向もあり、両者は微妙な関係にあった。「治天」の地位をめぐり、上皇と天皇の間は実の親子でありながら、対抗関係にあったとされる。

後白河法皇（三の丸尚蔵館蔵）

親政を目途《もくと》とした二条天皇だったが、永万《えいまん》元（一一六五）年には病状悪化で、二歳の皇太子（順仁《のぶひと》）に譲位し七月に没した。幼帝の六条天皇は、母が権門《けんもん》の出ではなく、多難が予想された。政務は祖父の後白河上皇が「治天」として執行した。強力な外戚を有さぬ六条天皇は、三年後に五歳で退位、皇太子だった年長の叔父・憲仁（高倉天皇）に譲位する。

高倉は即位後の嘉応《かおう》三（一一七一）年正月元服《げんぷく》（この年四月、承安《じょうあん》に改元）、翌年二月に清盛の娘・徳子（建礼門院）が入内《じゅだい》した。母・滋子（建春門院）は平氏出身でもあり、一門の繁栄は「コノ君ニツカセ御座《おわ》シスレバ、弥々《いよいよ》平家ノ栄《さかえ》ニトゾ見エシ」（『源平盛衰記《げんぺいせいすいき》』）とあるように、高倉そして安徳と続く二代にわたる平氏の血をひいた天皇の登場に、平家の命運は大きく開かれることになる。ただし、高倉天皇の在位中、後白河上皇が治天の立場で院政主導しており、天皇としての独自の政

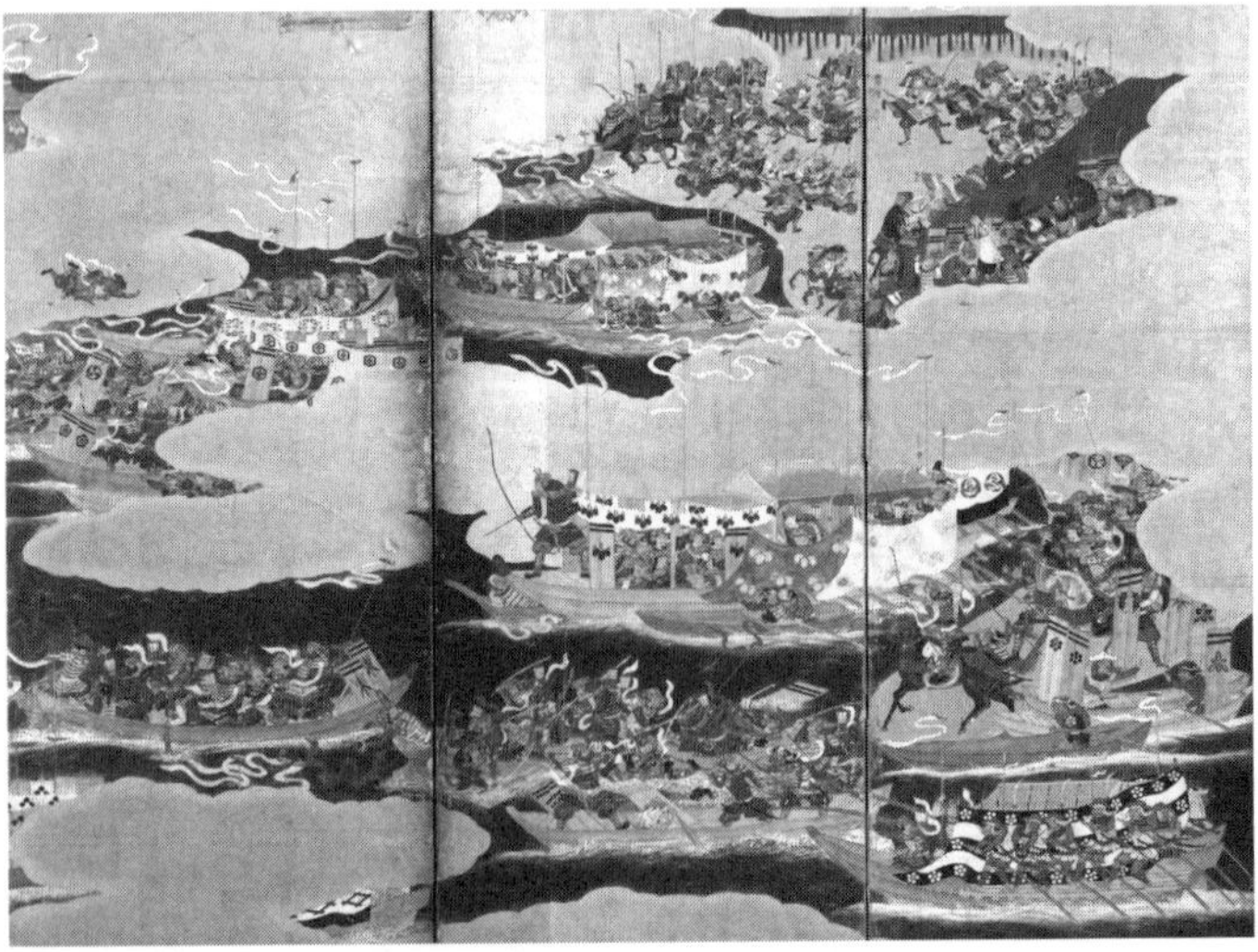

源平合戦図屏風（六曲一双、部分）　ColBase（https://colbase.nich.go.jp/）

策はない。

ちなみに武門たる平家の血脈による王朝は、サムライ王朝とも評すべき権力体だった。武家が権門へと成長し、王朝内部において王威を戴く形で統治権力を行使したからだ。平家はサムライ王朝の始発に位置することになる。以後、武家による幕府は見方によっては公武合体のなかで、〝サムライ〟たる武家が権力を保持したわけで、サムライ王朝の表現を冠することも可能だろう（この点、拙稿「「サムライ」王朝の記憶をひもとく」〈横浜市歴史博物館編『書物学』第二〇巻、勉誠出版、二〇二二〉）。

＊ 東西両朝なる表現は、古くは明治中期の『稿本国史眼《こくしがん》』（大成館、一八九〇）にその表記が見えている。同書は重野安繹《しげのやすつぐ》・久米邦武《くめくにたけ》・星野恒《ほしのひさし》といった当時の国史学科の教師陣による、通史的入門書として知られる。官学アカデミズムの開拓者たちによる史書で、わが国の神代から江戸幕末期に至る大局が叙述されている。この点、拙著『武士団研究の歩みⅠ』（のち『戦前・武士団研究史』と改題、前掲）参照。

「天子蒙塵《てんしもうじん》」と安徳天皇

寿永二（一一八三）年七月、平氏西走のおりの一門の総帥は宗盛《むねもり》だった。その宗盛は天皇・安徳と神器をともないながら西海にあって、京都を離れたことについて次のように述懐している。離京の件は迫り来る義仲との衝突回避の方策であり、一門は「君ニ背キタテマツル」意図はなかったと、語っている。「旧主ニ於《お》テハ、且《かつ》ハ当時ノ乱ヲ遁《のが》レンガタメ、具シタテマツリ、外土《がいど》ニ蒙塵《もうじん》シハンヌ」（安徳帝にあっては現在の乱を避けるために、外土〈畿外《きがい》〉に遷《うつ》られた）〈『玉葉《ぎょくよう》』寿永二年十一月十四日条〉。

右の平氏西走の事情について、このように伝えた。当時、王朝側では神器の返還に向けて、様々なことが取り沙汰された時期だった。『玉葉』には、その神器の件で宗盛から京都側にその真意を伝えた書状の内容が記されている。宗盛から後白河へその書状がもたらされたのは、一門の西走の三カ月後のことだ。「天子蒙塵」を伝えた一件について、『玉葉』の記主の九条兼実《くじょうかねざね》も「神鏡・剣璽《けんじ》、城ヲ出テ、外ニ在リ、吾ガ朝ノ大事此ニ過ギンコトナシ」との感想を記している。「天子蒙塵」とは元来、春秋《しゅんじゅう》「左伝《さでん》」に見えるもので、変事のため天子（皇帝）が難を避け、都の外に赴くことをいった。要は天子が田舎の塵《ちり》にまぎれてしまう、異常な事態を指した。宗盛以下が、義仲入京という緊急事態のなかで、心ならずも都の外に活路を求めた事情が確かめられる。

「蒙塵」の主体は安徳天皇だったが、宗盛以下一門は、安徳の異母弟の守貞《もりさだ》親王もともなっていた。安徳の万一を考慮してのことだ。壇ノ浦での「先帝入水」を伝える『吾妻鏡《あずまかがみ》』にも「先

安徳天皇陵墓参考地（朝日新聞社）

壇ノ浦＝山口県下関市（朝日新聞社）

帝ハツヒニ浮バシメタマハズ。若宮（今上ノ兄）ハ御存命」（元暦二年三月二十四日条）とある。入水を逸《まぬか》れた若宮とは後鳥羽（今上）の兄にあたる守貞親王*である。「モシノ事アラバ儲君《ちょくん》（次期天皇）マデト、二位殿（時子《ときこ》）賢々《さかざか》シク具シ参ラセタレリ」（『源平盛衰記』）とあるように、安徳帝の不測の事態に備えて同伴させたとある。守貞は七条院殖子を母とする異母兄弟だった。だが平家一門にとって、平氏の血筋でない守貞を一門の命運とともにさせるのは慮外と判断したため、守貞は壇ノ浦からの帰還となった。

承久の乱後に即位する後堀河《ごほりかわ》天皇はこの守貞親王（後高倉院）の子であった。ちなみに、この守貞については西海からの帰還後、鎌倉側の判断で皇位継承者の立場とされた。その点ではこの守貞もまた、平家の天皇ではなかったが、内乱のなかで過酷な運命に翻弄《ほんろう》された人物だった。

＊守貞親王は、坊門《ぼうもん》（藤原）信隆《のぶたか》の娘・七条院殖子を母とした。高倉天皇の第二皇子で、後鳥羽天皇は同母弟。西海からの帰京後の文治《ぶんじ》五（一一八九）年に親王宣下《せんげ》。建暦《けんりゃく》二（一二一二）年に出家するが、承久の乱後にその息子・後堀河天皇の即位にともない、これを補佐するために上皇として院政を行った。天皇に就かず出家の親王が上皇となるのは異例のことだが、後鳥羽の血脈を排するための幕府主導の特例とされた。

『平家物語』と東西両朝

「東西朝」は、十二世紀末の内乱に対応した。一一八〇年に始まる治承・寿永の内乱とも称されたこの闘諍《とうじょう》の流れは、『平家物語』が象徴的に伝える。京都を軸に王威・武威さらには法威（寺社勢力・宗教権門）の三者の諸相が活写されている。「盛者必衰《じょうしゃひっすい》」をテーマにした平家の栄華と没落がメインストリームであり、内乱を彩る人々の諸相をいまさらながら語る必要もあるまい。名著、石母田正《いしもだしょう》『平家物語』（岩波新書、一九五七）をひもとくまでもなく、このことについては、了解のうちとしよう。

『平家物語』にも、やはり王威と武威の相克が看取できる。京都を王威の象徴とすれば、都には武威の代表者が三つ集うこととなる。清盛と平家一門が一つ、そして源氏の義仲、さらに義経《よしつね》である。武威を代表したこの三つの勢力は、いずれも没落する。最終的には、それらを制圧することで鎌倉殿《かまくらどの》・頼朝が自己の権力を確立した。そして彼が選択したのは東国の地だった。この最終ラウンドまでの流れは、『平家物語』のなかでも〈読み本〉系(延慶《えんきょう》本)や盛衰記本などに顕著である。その点では『平家物語』の底流には、単に平家一門の衰亡ではなく、鎌倉体制への移行が見据えられている。

源平の争乱自体を『平家物語』に即していえば、「灌頂巻《かんじょうのまき》」もふくめて十三巻に及ぶ主題は、そのまま内乱の流れが反映されている。

一般に流布する〈語り本〉系でいえば、「巻一」から「灌頂巻」は、ほぼ時間軸に即した内容ということになる。源平争乱の場面でいえば治承四(一一八〇)年、以仁王・源頼政の挙兵を叙す「巻四」から元暦二(一一八五)年の壇ノ浦での「先帝身投《みなげ》」(「巻十一」)の流れとなる。「内乱の十年」のほぼ半分が該当する。この点もふまえ、『平家物語』全体では三つに整理できるはずだ。

【第一】は治承四年以前、すなわち平家の隆盛が語られる「巻一」から「巻三」までの段階。そして【第二】が以仁王と頼政の挙兵、さらに義仲入京に至る源氏諸勢力の動向を記す「巻四」から「巻七」までの段階。【第三】は安徳帝と平家一門の西走を皮切りに、一ノ谷・屋島・壇ノ浦と続く西海合戦と平家一門の最期に至る「巻八」から「巻十一」段階だ。

各段階の節目は議論もあろうが、およそこのように整理可能だろう。「東西両朝」という王威の分裂に焦点を当てるならば、【第三】が該当するはずだ。以仁王の平家追討の令旨《りょうじ》により、内乱が勃発した治承四年は「東西両朝」の主役、安徳天皇が即位する。そしてもう一人の主役、後鳥羽天皇も、この年に誕生している。

両者は異母兄弟ながら、践祚・即位がともども三歳、四歳という幼帝だ。『平家物語』の主題の一つは平家が戴く安徳帝だった。治承四年以降は、〝平家の天皇〟ともいうべき高倉―安徳を軸に政局が動くことになる。外戚の平家にとって、安徳は掌中《しょうちゅう》の玉《ぎょく》であり、「正統」（ショウトウ）の象徴たる存在だったことになる。一方で「サムライ王朝」というべき権力存立の「正当化」にむけても不可欠な存在だった。

既述したように寿永二（一一八三）年七月以降、西走の平家一門の寄辺《よるべ》は、この天子以外になかった。【第三】段階の最後はその平家がこの「玉」を戴き西海へと逃れ、捲土《けんど》重来《ちょうらい》を期し壇ノ浦に至る場面だ。それはまさに「東西両朝」の相剋《そうこく》が筆を尽くし語られる場面でもあった。* 西国には平家の安徳、京都には後鳥羽院という構図だった。** 武門たる源平両者にとって、正統性を保持しての主張がなされた。とはいえ、伝統に育まれた王威の磁場を離れた平家の劣勢は、いかんともし難く、残された道は安徳帝をともなった無常への道だった。

最後の平家の選択は、その血脈を記憶に残すことだったのかもしれない。平家は「サムライ王朝」たる立場で、西国での王威を短期間なりとも存在させ、歴史に少なからず足跡を残すこととなった。

他方、神器なき即位となった、京都の後鳥羽の立場は複雑だった。自己の正統性への拘《こだわ》りが、その後の承久の乱の遠因をなしたことは推測に値する。王威再生への希求は、後鳥羽にとって、切実だった。かつて異母兄・安徳を担ぐ平家も、自己の王位を追認した源家も、ともどもが武家に他ならなかった。その点では、武家との決別が芽生えたとき、「道ある世」を示すことで、自己の存在証明への希求がなされたのかもしれない。後鳥羽にとっての承久合戦とは、そうした闘いだった。

＊ この点、例えば謡曲・能の作品群には、平家西走から西海合戦に取材した〈修羅物〉の作品群が多いことからも理解できそうだ。平家武将については、「忠度《ただのり》」「経清《つねきよ》」「通盛《みちもり》」「敦盛《あつもり》」「景清《かげきよ》」等々、そして源氏関係として「頼政」「箙《えびら》」「屋島《やしま》」「藤戸《ふじと》」等々が挙げられる。これ以外に『平家物語』全般に目を通せば、さらに多くを指摘できる。この点、「補論　内乱期・武門歌人たちの諸相」（拙著『百人一首の歴史学』〈吉川弘文館、二〇二一〉に所収）参照。

＊＊　東国の源氏の政権は、〝平家の天皇〟たる安徳帝を容認しなかった。具体的には頼朝は治承四（一一八〇）年の挙兵以来一貫して「治承」年号（高倉天皇の年号）を用い続け、寿永二（一一八三）年の十月宣旨で、〝謀反性〟を脱した段階――それは平氏西走にともなう後鳥羽帝の践祚と表裏の関係にあった――で初めて「治承」年号を放棄して、後鳥羽の年号たる「元暦」を採用したところからも理解できる。したがって源氏の東国政権は、当然ながら後鳥羽の治政《ちせい》への合流・合体を意味した。限定的ながら東国沙汰《とうごくさた》権を王朝より認められたことで、体制に順応する方向が、当該期に成熟し始めたことがわかるはずだ。以上の点について佐藤進一《さとうしんいち》『日本の中世国家』（岩波書店、一九八三）を参照。

龍宮城の安徳帝

西海に蒙塵した天子・安徳の最期は、その悲劇性ゆえに多くの逸話を誕生させた。宝剣ともども海中に没した安徳帝の龍宮譚《たん》もその一つだ。『愚管抄』が語るように、神器のうち宝剣のみは、安徳帝とともに壇ノ浦の海底に没し戻らなかった。『源平盛衰記』（巻四十四）によれば、後白河が老松《おいまつ》・若松《わかまつ》の二人の海女《あま》を潜らせ探索させた結果、老松は龍宮城へと誘われ、海中の龍王と対面する。そこには海没した平家一門の人々とともに、巨大な龍神がおり「剣を口にくはへ、七、八歳の小児を懐《いだ》き」、使者の老松に以下のように述べたとある。「宝剣は必ずしも日本の帝の宝にあらず。龍宮城の重宝《ちょうほう》なり」と伝え、宝剣の来歴を語ることになる。

それによると、龍王の王子は出雲《いずも》で「ヤマタノオロチ」に変じたが、「スサノオノミコト」に倒され、剣は天照大神に献上されたこと。やがて東征する「ヤマトタケル」に与えられ、伊吹《いぶき》山《やま》その他で宝剣奪回を試みるが、いずれも失敗に帰したこと。そこで「大蛇」は安徳天皇へと変身し、「源平ノ乱《みだれ》ヲ起シ龍宮ニ返シ取ル」ことが実現したこと。今、口に含む剣こそが、その宝剣なること――等々のあらましを語ったうえで、龍王は宝剣の還御《かんぎょ》の不可なることを、後白河院に伝えるようにと、海女・老松に伝言したとする。

右に語られている宝剣説話の壮大なストーリーを、骨格のみで語ればこんなところだ。説話上の荒唐さの非を論じても意味はなかろう。むしろ「天子蒙塵」という事態のなかで、平氏の滅亡とともに、海没した天子と保持した宝剣の行方を、ヤマタノオロチやスサノオノミコトなどの神話と絡め、ストーリー化させる中世説話の絶妙さこそに、軍配が上げられるべきだ。

それはともかく、その安徳帝は、内乱後の建久《けんきゅう》二(一一九一)年、後鳥羽天皇の勅宣により建立された赤間関《あかまがせき》の阿弥陀《あみだ》寺《じ》に葬られた。ここは明治の王政復古にともない赤間宮と改称された。よく知られているように、赤間神宮(山口県下関市)の楼門《ろうもん》は龍宮城に模されており、例の安徳龍宮譚をモチーフにしていることがわかる。説話なり伝承なりの感化力が、現実のなかに投影されたものだろう。

興味深いのは阿弥陀寺(赤間宮)に安徳帝を祀《まつ》ったのが、他ならぬ異母弟の後鳥羽天皇だったことだ。後年に武家打倒に立ち上がったこの天皇は、西の安徳と対峙する形で京都で即位し、東西両朝の一方の主役となった。かりに兄・守貞親王が都にとどまっていたならば、四宮《しのみや》たる後鳥羽には即位の目はなかった。「四宮御運目出《めで》タカリケリ」とは、同じく『源平盛衰記』の評でもある。祖父・後白河院の強力な後援も得ての即位事情は、『愚管抄』その他も伝えるところだ。

その後鳥羽も兄・安徳にかわり、自身が王位に就いたものの、承久合戦ではその責を負い、絶海の孤島で生涯を閉じることになった。当初「顕徳院《けんとくいん》」と追号された後鳥羽院もまた、安徳天皇同様に悲劇の主だった。承久の乱の主役はその後鳥羽だったことからすれば、東西両朝の二人は奇《く》しき因縁のなかで、中世の画期をなした「至尊《しそん》」たちだった。われわれはともすれば、治承・寿永から承久という年号を分節的な流れで考えがちだが、こと王権の動向からすれば、密接な繋がりも看取できそうだ。

「昔モ今モ怨霊ハ怖シキ事ナリ」――飛翔する安徳帝の怨霊

壇ノ浦の平氏族滅《ぞくめつ》の四カ月後、元暦二(一一八五)年七月、京都を大地震が襲った。平家一門の怨霊とささやかれた。「十善帝王、都ヲ出《い》デサセ給ヒテ、御身《おんみ》ヲ海底ニ沈メ」との『平家物語』(巻十二)の記述は、龍宮城の天子安徳帝が龍神として、一門ともども怨念の深さを伝えての所業と噂された。

『方丈記《ほうじょうき》』(鴨長明《かものちょうめい》)での有名な一節を示すまでもなく「元暦の大地震」は、都に甚大な被害を与えた。これを契機に「元暦」は「文治《ぶんじ》」と改元される。後鳥羽にとっては即位後二度目の改元である。宝剣海没のまま帝位に就いた後鳥羽への安徳の怨霊は、こんな形でその即位の不当さを表明したのかもしれない。それ故に朝堂内にあっては「元暦」の放棄が取り沙汰された。西海にあって海没した安徳天皇の執心は、怨霊と解された。悲劇の帝王・安徳は、怨霊とともに記憶化されることになる。

『保暦間記《ほうりゃくかんき》』（南北朝期の史論書）には、その点で興味深い話が見えている。頼朝の死去は建久十（一一九九）年正月十三日のことだった（『吾妻鏡』）。一般的に頼朝は落馬が原因で病床に就き、没したとされる。これに付加された俗説として、前年に稲村《いなむら》ケ崎《さき》付近で安徳帝の怨霊に遭遇、それが落馬の引き金だったとの話に広がる。以下は『保暦間記』が紹介するものだ。

> 同（建久九年）冬、大将殿、相模河ノ橋供養《はしくよう》ニ出テ帰《かえら》セ給ヒケルニ、八的《やまと》ガ原《はら》ト云所《ところ》ニテ、被亡《ほろぼさる》源氏義広《よしひろ》、義経《よしつね》、行家《ゆきいえ》以下稲村崎ニテ、海上《かいしょう》ニ十歳バカリナル童子《どうじ》ノ現ジ給テ、汝《なんじ》ヲ此程《このほど》随分思ヒツルニ、今コソ見付《みつけ》タレ、我ヲバ誰トカ見ル、西海ニ沈シニ、安徳天皇也トテ失《うせ》給ヌ、其後、鎌倉ニ入給テ、則病付《やまいつきたる》給ケリ、次年正月正治《しょうじ》元年十三日、終ニハ失給ヌ、……是ヲ老死ト云フベカラズ偏《ひとえ》ニ平家ノ怨霊也。

江島神社　中津宮

頼朝が相模川《さがみがわ》の橋供養の帰途、安徳帝の怨霊に遭遇、それが死去に繋がったとする。ちなみに頼朝が安徳の霊と出会った稲村ケ崎は、江島明神《えのしまみょうじん》と指呼《しこ》の間にある。その江島明神も、縁起によれば龍神とのかかわりが深い。弁財天《べんざいてん》信仰の拠点ともされ、壇ノ浦の赤間関と同じく龍宮の楼門で知られる。後世の伝承説話からの附会《ふかい》ではあるが、安徳帝の怨霊説話の広がりを伝えるものとして、興味深い。

そこでは鎌倉殿が遭遇した安徳帝の怨霊が平氏一門の怨霊と重ね合わせられ、関東の象徴たる頼朝を、死に至らしめたとの話に仕立てられている。

東西両朝のうち、安徳帝を擁した西国の王朝は、「天子蒙塵」という事態のなかで、その幕を閉じた。一方で、関東の新政権が是認する京都の後鳥羽の王権も、三十有余年の後に、終焉を迎えることになる。

平家が創出した安徳朝と源家が容認した後鳥羽朝、ともどもが十二世紀から十三世紀の争乱のなかで、時代を画した存在だった。

神器なき天子、後鳥羽院の憂鬱

後鳥羽院（三の丸尚蔵館蔵）

源平の争乱は武門の対立という面とは別に、王家内部での分裂を誘った。京都王朝の正統を継承した後鳥羽についていえば、神剣海没のままの即位は〝正統性の欠如〟という影を落とした。鎌倉期の歌人、藤原定家《ていか》が『明月記《めいげつき》』に記す「神剣海ニ没シテ茲《ここ》ニ卅廻」（建暦《けんりゃく》三〈一二一三〉年四月二十九日）との表現には、その片鱗《へんりん》が伝えられている。そこに語られている天皇の即位事情にまつわる記事は、後鳥羽院の破天荒な行動への定家の鬱積《うっせき》感情が背景にあった。*

内乱期、祖父・後白河上皇の意思により、後鳥羽は関東の協賛を得る形で、至尊の立場を継承した。だが、内乱期の分裂王朝という環境は、即位後の後鳥羽の行動を規定することにもなった。

血脈的正統性とは別に、権力（実力・武力的要素を含めた）上の正当性を求める後鳥羽の志向があった。正統であること以上に、正統たり得るための意識が、権力掌握の志向に繋がったのかもしれない。後鳥羽院が強盗を

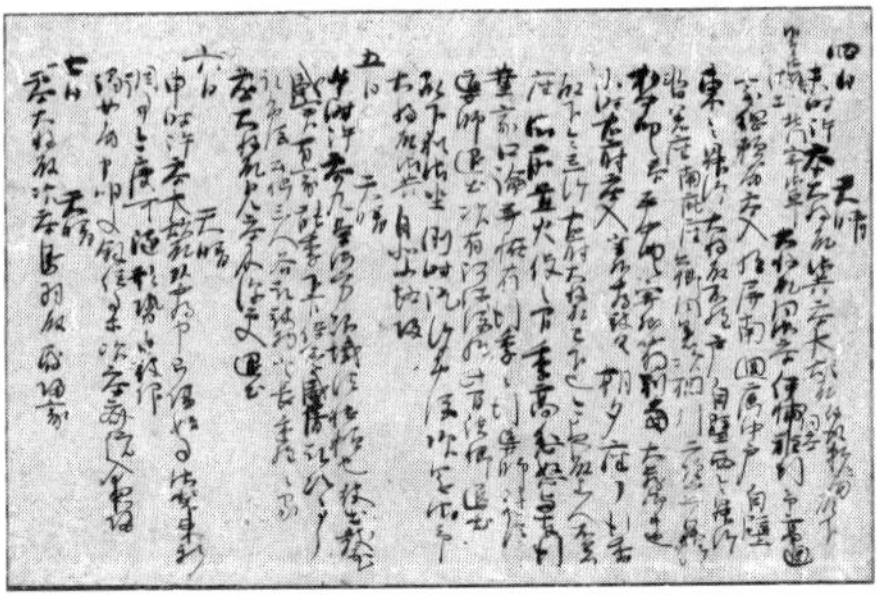

『明月記』 ColBase(https://colbase.nich.go.jp/)

召し捕ったとの『古今著聞集《ここんちょもんじゅう》』（鎌倉期の説話集）の逸話も、そうした流れで創り出されたものだろう。院の護衛にあたる西面《さいめん》の武士たちも捕縛しかねた強盗の首領を、後鳥羽自らが舟の櫂《かい》で退治したという。あるいは自らが刀剣を打ち、弓馬《きゅうば》の道にも通じたことなどは、そうした武芸を好む趣向を伝えたものだろう。さらに宮中の故実をはじめ、和歌・琵琶《びわ》・蹴鞠《けまり》などは正統性の表明に繋がるものだろう。『増鏡《ますかがみ》』（南北朝時代成立の歴史物語）には、そうした後鳥羽院の個性も紹介されている。

　神剣を奉じ龍神に抱かれた異母兄の安徳天皇とは異なる形での王威の演出が、後鳥羽院には求められた。神剣なき即位が自己に課せられた宿命だとすれば、それへの打開が〝内なる声〟として、後鳥羽の内奥《ないおう》に沈殿されていった。欠落した王威を補完・補充するために、自身へ権力を集中させるという希求が浮上する。それは『愚管抄』が武家を追認したのとは、異なる流れだった。

　慈円が『愚管抄』で強調するのは、神剣なき即位だとしても、武権との共同統治を是とする現実的な選択である。だが後鳥羽はそうした現実的選択ではなく、武家の否定にもとづく王威回復へと向かった。内乱の延長たる承久の乱が与えた選択は、「武家か、天皇（院）か」の岐路だった。

中世は武家へと傾斜を深めるなかで推移する。十二世紀末の東西朝も、十四世紀の南北朝も、その武家との摩擦で内乱が深まる。そこでは後鳥羽院が伝統の純化を求め、夾雑物《きょうざつぶつ》たる武家を排そうとしたように、のちに後醍醐も同様の選択をした。

鎌倉政権の入口直後の「承久」と、その出口にあたる「建武」が醸し出す方向は、大きく武家打倒を志向した点で共通した。けれども二人の至尊の着地点は異なっていた。神器の有無からいえば両人は真逆だった。神器なきことの劣等意識が行動の源泉だった後鳥羽。そして正統の象徴たる神器を奉じたのが後醍醐（在位：一三一八〜一三三九）という対比である。この天皇は吉野《よしの》（南朝）にあって、京都（北朝）と対峙した。後醍醐にとっては〝神器ありき〟の天子たることが、行動の源泉だったことになる。ともどもに共通するのは〝観念の実在性〟なのかもしれない。「回天《かいてん》」という行動の源流は「観念」でしかないが、それに実在性を持たせるのは神器だった。いうまでもなく、正統であることを「天」から認められた証拠が神器であった。それを保持していることが「天」を味方にしているとの表明に繋がる。武家から武力を奪回することこそが後醍醐が目指す「回天」のための行動の源だった。

＊ この点、もう少し説明すれば、『明月記』の記事は多分に定家の後鳥羽院への感情問題に帰因していた。かつて定家は後鳥羽院の強権発動により、自庭の柳を蹴鞠《けまり》のため掘りおこされたことがあった。それに対する定家の〝恨み節〟的表現が日記の文言に反映されている。院の神器欠如の即位はタブーとして、当時の人々の意識に共有されていた。それ故に事があれば、後鳥羽院が宿命として背負った即位事情の心のキズは、伝統の継承者たる自己にはね返ったはずだ。定家はこのことを百も承知で、やるかたない怒りを日記にしためた。この点、堀田善衞《ほったよしえ》『定家明月記私抄《ししょう》 続篇』（新潮社、一九八八）も併せ参照。

蘇る王威

尊成親王（後鳥羽）が誕生＊した治承四（一一八〇）年七月、時代は内乱に向けて動きだした。年表風に語れば、この年に安徳の即位がなされる。何度か記したように、四月には以仁王の挙兵があった。そして六月には清盛による福原遷都がなされ、八月には頼朝の挙兵があった。後鳥羽の誕生は、そんな内乱の始発の時期だった。

一宮（安徳）・二宮（守貞）が西走し、都に残った高倉の血脈には、三宮《さんのみや》（惟明《これあきら》）・四宮（尊成）の両人がいた。これ以外の継承候補に、入京した木曽義仲が推す以仁王の子息・北陸宮《ほくりくのみや》もいた。卜占《ぼくせん》がなされ、四宮すなわち後鳥羽が定められた。一回目の卜占にあっては三宮とされたが、後白河院の寵姫・丹波局《たんばのつぼね》＊＊の夢想を理由にやり直したとされる（『平家物語』巻八「山門御幸《さんもんごこう》」）。当初より院の真意は四宮にあったといえる。院が候補の三宮、四宮二人の孫を呼んだところ、四宮は「御ヲモキライモナク、ヨビタハシマシケリ」（嫌がって泣くこともなく膝《ひざ》にのってきた）〈『愚管抄』巻五〉との逸話も残されている。

かくして寿永二（一一八三）年八月、祖父・後白河院の詔命《しょうめい》により四歳で践祚する。新帝・後鳥羽の登場にともない寿永三（一一八四）年は元暦と改元された。ただし、西海では安徳帝の年号の寿永が継続されており、壇ノ浦合戦は、平氏の立場では寿永四（一一八五）年ということとなる。そして、当然ながら後鳥羽天皇の京都王朝にとっては、壇ノ浦合戦は元暦二（一一八五）年となる。「治承・寿永の乱」の呼称は、その点で高倉―安徳の平氏の皇統段階に対応した年号であり、東西両朝の分立は、「寿永」の段階（寿永二年八月から寿永四年三月）と重なる。一方でこの「治承・寿永の乱」は頼朝の挙兵（治承四〈一一八〇〉年八月）から始まり、平氏滅亡（寿永四年三月）で終わったわけで、その点では〝源平の戦い〟に他ならない。

東西両朝の解消以降、王朝の一本化のなかで、後鳥羽天皇の時代がおとずれた。ただし、後鳥羽が「治天」たる立場を標榜《ひょうぼう》するのは、やはり祖父・後白河院の影響が大きい。「元暦」から始まる後鳥羽の年号は「文治」そして「建久」と推移する。後白河院が没したのは建久三（一一九二）年のことであり、以後、後鳥羽が建久九（一一九八）年に上皇となるまでの六年間、元服後の十三歳から十九歳までの時期、後鳥羽は王威再生に向けて、「治天」への準備をはかる。承久の乱は、その後鳥羽院の主導した王威回復の流れとして位置づけられる。十二世紀末の東西両朝を現出させた内乱は、この「承久」までも含むものと理解すべきだろう。

＊ 後鳥羽の生母・殖子は、**巻末系図Ⅳ、Ⅵ**でもわかるように、坊門家出身で父は信隆《のぶたか》。信清《のぶきよ》は同母姉弟でその娘は鎌倉三代将軍・実朝《さねとも》の妻、その姉妹・坊門局《ぼうもんのつぼね》は後鳥羽の妃で頼仁《よりひと》親王の母だった。坊門家の血脈上のネットワークは、幕府とも深い繋がりがあった。

＊＊ 丹波局は後白河の後宮《こうきゅう》で、父は内膳司《ないぜんし》・紀孝資《たかすけ》。江口《えぐち》の遊女だったが、のちに天皇の後宮に入り承《しょう》仁法親王《にんほっしんのう》を産む（**巻末系図Ⅳ**）。

後鳥羽院とその后妃たち

後鳥羽院の評は様々だが、多芸・多才という点では共通する。とりわけ自身編纂《へんさん》の『新古今《しんこきん》和歌集《わかしゅう》』に象徴される和歌への情熱は、生涯変わることはなく、隠岐《おき》配流後に詠んだ『遠島《おんとう》御百首』の存在からもうかがえる。

以下では内乱時代の終焉を演出した後鳥羽院について、その血脈的世界を、皇妃《こうひ》たちにも焦点を当てながら探っておく。**巻末系図Ⅵ**をご覧いただきたい。『本朝皇胤紹運録《ほんちょうこういんじょううんろく》』（室町期編纂の皇室系図で『群書類従《ぐんしょるいじゅう》』所収）その他によれば、三人の后妃《こうひ》がいたとされる。皇后は九条兼実《くじょうかねざね》の娘・任子《にんし》（宜秋門院《ぎしゅうもんいん》）、皇妃は源（土御門《つちみかど》）通親《みちちか》の養女・在子《ざいし》（承明門院《しょうめいもんいん》）、そして高倉（藤原）範季《のりすえ》の娘・重子《じゅうし》（修明門院《しゅうめいもんいん》）である。任子と在子は、兼実（右大臣）・通親（内大臣）それぞれが、政治的ライバルの関係だった。

摂関家の兼実は内乱終息後、頼朝との連携で力を得ていた。一方、村上《むらかみ》源氏に出自を有した通親は、兼実への対抗から後白河院の寵姫・丹後局《たんごのつぼね》（高階栄子《たかしなのえいし》）＊と結ぶこととなる。ちなみに通親は後鳥羽院の乳母《めのと》・範子《はんし》と再婚したが、範子は前夫の能円《のうえん》（平時子《ときこ》の弟）との間に在子がおり、通親はその在子を養女として入内《じゅだい》させたのだ。この両者の娘たちの任子・在子いずれが、皇子を産むかも注目された。

九条兼実（三の丸尚蔵館蔵）

兼実の娘・任子（宜秋門院）は、建久六（一一九五）年に皇女（春華門院昇子《しゅんかもんいんしょうし》）を出産、一方の在子も、皇子（為仁《ためひと》親王＝のちの土御門《つちみかど》天皇）を同年誕生させた。この時期に公卿《くぎょう》入りを果たした頼朝は、上洛にさいし丹後局（高階栄子）や通親へと接近し、長女・大姫《おおひめ》の後鳥羽院への入内にむけて運動を展開する。頼朝は丹後局所生の覲子《きんし》（宣陽門院《せんようもんいん》）を訪れるなど、その親密さが伝えられている（『吾妻鏡』建久六年四月十七日条、二十一日条）。

　こうした頼朝の行動によって、九条兼実との間に溝が生まれることとなった。「建久七年の政変」（兼実の関白罷免と失脚）は、そうした流れの帰結だった。兼実の摂家《せっけ》や通親の清華家《せいがけ》（大臣を極官《ごっかん》とする家柄で摂家に次ぐ家柄）レベルで后妃が登場するなか、鎌倉殿も公卿（権大納言《ごんだいなごん》）という立場で、后妃レースに参加したことは注目される。武家の後宮世界への登場は、結果はともかくとして（大姫の病死で入内はかなわなかった）、武家が権門として新たなステージに立ったことを意味した。

　後鳥羽院の後宮をもう少しのぞいておこう。建久七（一一九六）年の政変後、兼実に代わり朝廷内の実権を握った通親も、建仁《けんにん》二（一二〇二）年に病没、これより先に在子は養父・通親との密通事件が噂され、後宮からの退去を余儀なくされる。在子に代わり、後鳥羽院の寵愛を受けたのが、高倉（藤原）範季の娘・重子（修明門院）だった。母は平教盛《のりもり》の娘・教子《のりこ》だった。**巻末系図Ⅵ**からも了解されるように、父の範季の姪《めい》には範子《はんし》（刑部《ぎょうぶ》卿《きょう》三位《のさんみ》）がおり、重子と在子は血の繋がりを有した。重子は入内後に守成《もりなり》（のちの順徳《じゅんとく》天皇）と雅成《まさなり》（六条宮《ろくじょうのみや》）の両親王を産んでいる。

　後鳥羽は三人の皇妃たちのうち、この重子を深く愛した。そうした関係から正治《しょうじ》二（一二〇〇）年に、守成が土御門天皇の弟として皇太子に立てられ、皇位継承に期待がかけられた。さらに他の妃としては西御方（坊門信清の娘〈坊門局〉）もいた。長仁《ながひと》（道助入道親王《どうじょにゅうどう》）、頼仁《よりひと》（冷泉宮《れいぜいのみや》）、礼子《れいし》（嘉陽門院《かようもんいん》）の各親王・内親王を誕生させており、彼女は後鳥羽院の配流地、隠岐《おき》へも同行した。なお坊門家の娘たちには西御方以外に、実朝室となった西八条禅尼《にしはちじょうぜんに》も知られる。そうした関係から坊門家は、公武両勢力に特異な地位を有し、西御方の兄弟の忠信《ただのぶ》、忠清《ただきよ》は、承久の乱では院側についている。

「建久」は後鳥羽院の王威再生の助走段階だったが、「建久」年間の末年（一一九九）、内乱の立役者だった頼朝が死去する。「承久」にいたるその後の二十年間は、後鳥羽は上皇という「治天」の立場で院政を展開、公武世界に存在感を強めてゆく。王朝との隔壁を意識することで、鎌倉殿は「関東」の自立を志向した。その死後、後鳥羽院の視線は、同世代の頼家《よりいえ》そして実朝へと向けられていった。頼家と後鳥羽はほぼ同世代に属し、内乱期に生をうけつつも、両人ともども偉大な後見人だった父と祖父を持ったという点でも共通する。また二人の鎌倉将軍――頼家と実朝は、ともに鎌倉内部での権力争いのなかで、自壊することになる。

＊　丹後局（高階栄子）は法印澄雲《ほういんちょううん》の娘とされる。後白河院の近臣・平業房《なりふさ》の妻だったが、清盛のクーデターで業房は伊豆に配流。栄子は幽門された後白河院に近仕して、寵を得た。養和元（一一八一）年に皇

女・覲子（宣陽門院）を産み従二位《じゅにい》に叙され、権勢を増した。後白河院の没後も権勢をふるい、娘の宣陽門院は院から長講堂領《ちょうこうどうりょう》の荘園群を譲られた。源通親はこの宣陽門院の別当《べっとう》でもあり、その関係で両者の結びつきがなされた。頼朝はこの丹後局と通親に接近、大姫の入内に向け動いた。

「承久」という記憶

承久の乱は後鳥羽院から仕掛けた闘諍事件だった。伝統を内にふくんだ、あらゆる力を結集しての戦いだった。「承久」という年号に宿されたその記憶は、かつて西海に没した安徳の「寿永」もしくは「元暦」の年号と同じく、負の遺産として人々に記憶された。承久の乱の主体を演じた後鳥羽の悲劇は、何よりも伝統を意識したことにあった。過去の至尊たちといえども、それを意識しなかったわけではもちろんない。だが、後鳥羽院のそれは特別だった。

一つは前述したように、神器不備という状況をどう受け止めるかという、当人の心性に根ざした問題だった。そしてもう一つは、武家の台頭に見る時代性の問題である。〝武力〟という夾雑物を内包する力が東国に居所を定め、伝統的秩序との同化を拒み続けていた。その意思が強まれば、これとどう対峙するか。その過程のなかで院の意思が選択される。

承久の乱は、鎌倉政権誕生から三十年後の出来事だった。この歳月を「しか」と見るべきか。あるいは「も」と解するかで、その評価は異なる。「も」の立場からすれば、後鳥羽院の行動は武家への無謀な試みとして映ずるかもしれない。けれどもこの歳月を「しか」として考える立場にあっては、この出来事は同じ歴層（時代層）でしかない。

神剣なき即位をどう〝正統化〟させるのか。自らが培った王威の下に包摂することが、日程にのぼった。頼朝の死は建久十（一一九九）年であり、そこからわずか二十年余でしかなかった。この間、鎌倉将軍は頼家、そして実朝へと代わっていった。

「建久」は王朝の代表である後白河院、そして武門の頼朝を相次いで退場させた。後鳥羽の「治天」たる自覚と成長は、それらの段階で芽生えたこととなる。後鳥羽天皇が四歳の為仁《ためひと》親王（土御門天皇）に譲位したのは、建久九（一一九八）年正月のことだ。直後に「治天」を表明し、院政を開始した後鳥羽は十九歳で、八月に熊野《くまの》への御幸《ごこう》がなされた。

以後「承久」までの二十年、「正治」「建仁」「元久《げんきゅう》」「建永《けんえい》」「承元《じょうげん》」（以上は土御門天皇の年号）、そして「建暦」「建保《けんぽう》」（以上は順徳天皇の年号）と推移する。その間「治天」の立場で、王朝の統合者たる自覚が後鳥羽院をつつむことになる。頼朝死去後の武権の伸長は、王威を体現する後鳥羽院にとって、王朝という伝統への対抗と映じた。

伝統の最大の継承者は、天皇そして院、あるいは朝廷（公家）である。至尊の血脈を受けたこと自体が、伝統の継承だった。これを受け継いだ時、王朝へと自らを同化させる意思が、自覚される。武家という〝異物〟を胎内から排そうとする動きは、その延長線上において、浮上するこ

『新古今和歌集』（国立国会図書館蔵）

となる。後鳥羽にとっては、いまだ「至強」に徹し得ない段階の武家に、どう対応するか。その算段が問われた。

挙兵の二年前に起きた実朝暗殺——。後鳥羽の挙兵は、内乱によって成長したものの武権の確立という点では未成熟だった武家を、京都王権の統轄下に置く最後の、そして絶好の機会と映じたに相違ない。

奥山の　をどろが下《した》も　ふみわけて　道ある世ぞと　人に知らせん

『新古今和歌集』に載る有名な後鳥羽院の歌である。ここには「道ある世」への回帰が暗喩されている。「おどろが下」とは棘《いばら》の道・棘路《きょくろ》のことで、転じて公卿の異称である。したがってこの歌に込められた真意は、百官卿相《けいしょう》を従え順当な政治を実現する方策に向けての宣言とも解される。承元二（一二〇八）年の作詠で、承久の乱の十三年前の歌とされる。

そこに後鳥羽自身の「治天」たる立場の表明がされているとすれば、「道ある世」には武家という例外状況への疑義も看取できる。そして、武家への対処は、二つであった。追認か是正かのいずれかの道だ。前者の追認の道は武家の存在を容認しつつ、至尊〈王威〉と至強〈武威〉による共同統治という方向だ。慈円（『愚管抄』）が主張する王家〈天照大神〈伊勢〉〉・摂家〈春日社〉・武家〈八幡神〉での共同統治論である。

サレバ摂籙家《せつろくけ》ト武士家トヲヒトツニナシテ、文武兼行《けんこう》シテ世ヲマモリ、君ヲウシロミマイラスベキニナリヌルカト、ミユルナリ〈巻七〉

と語られている一節がそれだろう。公武合体論とおぼしきこの発想は、既にふれたように、内乱が育んだ武家の力を是認する現実的思考ということになる。けれども後鳥羽はこれを非とすることで、力による是正を選んだ。「治天ノ君」たることの自覚がそうさせた。後白河院とこれに続く後鳥羽院は、王威を著しく成長させた点で共通した。保元・平治《へいじ》から承久への半世紀に連なる両人は、王威の再生と復活に尽力した存在だった。

2 武威の彫磨―其の一

内乱の終焉と「文治」

ここでは既述した天皇・院という王権の動向とは別に、武家に焦点を据えて述べておく。まずは内乱の最終ラウンドの奥州《おうしゅう》との戦いをへて、「関東」の新政権が幕府として自らを脱皮させた流れを考える。

源平の争乱として表面化した「治承・寿永の内乱」は、一面では東西両朝の対抗を現出させた。治承から始まり、養和・寿永・元暦と続いた内乱の第一ステージは、ここに幕を閉じる。次なる年号の文治年間は、内乱の第二ステージともいうべき大きな画期でもあった。元暦と踵《きびす》を接して登場する「文治」の年号は、奥州との戦争と深くかかわる。内乱の終焉は、その文治年間の末年（一一九〇）での奥州合戦を以《も》って完了する（拙著『東北の争乱と奥州合戦』〈前掲〉）。この奥州合戦は東北の地を関東の力で威圧することで、奥羽《おうう》方面に〝鎌倉の時代〟を創出させた。関東武士団の進出である。

この奥州との戦いの特質で留意したいことが、二つほどある。一つは朝敵なき戦いであった点だ。治承・寿永の対平氏の戦いが後白河の意向だったゆえ、朝廷との関係性を前面に出した戦いであったのとは異なっていた。奥州合戦では後白河院の京都王朝は、鎌倉側の要請にもかかわらず奥州への追討を許容しなかった。平泉《ひらいずみ》滅亡後に、帳尻を合わせるように宣旨が出されたとはいえ、当初の段階にあっては勅許なき戦い、いわば私戦として遂行された点であった。

そして、二つには、そのことが武権の伸長に繋がり、「没官《もっかん》」（朝廷が朝敵の所領を没収）ではなく、私的成敗《せいばい》権の行使が実現されたことだ。これにより武家たる「関東」の自己主張が鮮明となったことだろう。奥州合戦はその点でも、武家の強靭《きょうじん》さを王朝側に認知させることとなった。

以下、この点をふまえ、内乱期の公武の推移を年号を通じ総括しておこう。既述したように平家滅亡による東西両朝の解消は、同時に関東の武門の権力伸長に向かう過程だった。「治承」に始まり「建久」で内乱の十年は終息する。この間、三つの年号をはさみ、「文治」の奥州合戦をへて「建久」と改元された。* その「文治」には様々な記憶が宿されていた。最大の要素は、「武威」の彫磨《ちょうま》だった。関東の武家が武力を介し、鎌倉的秩序を敷衍《ふえん》させたことが大きい。奥州合戦を通じ、「関東」の武威を認知させ、自己の存立基盤をより堅固なものとした。「文治」はその限りでは、武家が王朝に「天下草創」を追認させた年号として、記憶されねばならない。義経問題を契機とする守護《しゅご》・地頭《じとう》の設置（頼朝が弟・義経の捜索、逮捕を念頭に、朝廷に設置を要求した）も、この「文治」年間の出来事である。「文治」に至る「十年の内乱」は「武威」を高揚させた段階ともいえた**。

内乱の時代は「王威」を主導する後白河院と武家の総帥・頼朝との協調と確執のなかで推移した。「文治」にかわって登場する「建久」段階は〝戦争から平和〟への転換期でもある。「建久偃《えん》武《ぶ》」***との表現に見合う戦争なき十年が続く。まことに象徴的ながら鎌倉殿・頼朝の死去は、その建久段階末年（建久十〈一一九九〉年）のことだった。建久元（一一九〇）年の頼朝の上洛にともない王朝を翼賛するシステム（公武合体）への転換がはかられる。かくして簒奪から始まった謀反の政権だが、その後、王朝との結合を志向する段階が到来する。

＊　何度かふれたが、「内乱の十年」をふくめた年号（「治承」―「養和」―「寿永」―「元暦」―「文治」―「建久」）を政治的画期から総括すれば以下のようになる。謀反の政権から出発した「治承」段階には、まず〝簒奪〟という東国での実効支配がなされた。そして以後は「養和」「寿永」「元暦」に至る源平の戦いを通じ、東西両朝の分裂、さらに「文治」の対奥州戦という流れがあった。「建久」は簒奪性を宿した「関東」が、諸国守護権を付与された段階といえる。そうした点を加味すれば「治承」発―「文治」経由―「建久」着という流れで、内乱期の十年を総括できるのではないか。この点は拙著『鎌倉殿誕生』（ＰＨＰ新書、二〇〇一／のち山川出版社にて再版）も併せ参照。

＊＊　「源平の争乱」などと呼称された内乱期の表現については、現在、高等学校の教科書などでも「治

承・寿永の乱」の表現が定着している。かつその「源平の争乱」なる呼称については源平両者の対抗の局面に比重が置かれてきた。時代の構造的転換への認識が不足しているとの反省から、年号を用いての呼称が市民権を得ているようだ。けれども、他方で「治承・寿永の乱」にしても、対平氏の戦争という面では有効かもしれないが、文治年間に至る奥州合戦までも射程に入れた場合、「内乱の十年」を組み込む概念にはなっていない。その点からすれば、「治承・寿永の内乱」とは別に本書でしばしば用いている「内乱の十年」とはまさしく「治承・文治の内乱」とするのが妥当と思われる。

＊＊＊　中世史家の上横手雅敬《うわよこてまさたか》が『日本史の快楽』（講談社、一九九六）で用いた表現で、江戸期の「元和《げんな》偃武《えんぶ》」の表現と対応させたもの。〝武ヲ偃《ふ》セル〟の意味。本文で指摘したように、建久年間の政治構造を考えるさいに参考となろう。なお、同氏は「治承・寿永の乱」との表現とは別に「源平の争乱」の表現も古典的ながら内乱の本質を探るうえでは意味がある、としている。

反乱政権の選択

治承四（一一八〇）年十月の富士川《ふじかわ》合戦は二つの点で関東の新政権を考えるポイントになった。地域権力としての尺度という面が一つ。そして二つ目は、鎌倉殿・頼朝による対王朝の政策面での変化である。前者に関していえば、富士川以前の内乱初期、頼朝の実効支配地域は伊豆、相模《さがみ》、武蔵《むさし》、そして下総《しもうさ》という南関東に限定されていた。けれども、この富士川合戦を機に甲斐《かい》源氏との連携が進み、常陸《ひたち》、下野《しもつけ》、上野《こうずけ》といった北関東方面がその版図に組み入れられた。東海道方面での駿河《するが》そして遠江《とうとうみ》も甲斐源氏（武田信義《たけだのぶよし》、安田義定《やすだよしさだ》）の両人を介し、掌中《しょうちゅう》に収めることが可能となったのだ。南関東から出発した頼朝の権力は、富士川合戦をはさみ、北関東から駿河・遠江両国にわたる周辺部への拡大がなされたことになる。

そして後者について挙げられるのは、前者と連動するように「関東」意識が醸成された点だ。別言すれば、王朝からの相対的自立志向が、この富士川合戦以後に明確化した。反乱勢力がそれまでとは異なる形で、王朝に対峙し始める。

以上のことは次のようにも解することができる。指摘されているように、富士川合戦の段階では、二つの路線があったとされる。頼朝が構想する平氏追撃による王朝との協調路線、そして東国主力武士団が考える自立路線だ。

『吾妻鏡』が伝えるところによれば、頼朝は当初、富士川合戦の勝利で、一挙に都への進撃を主張したといわれる。けれども、三浦・上総《かずさ》・千葉の有力武士団の意向を汲《く》み上げ、関東攻略専念の方向が選択されたという（佐藤進一『日本の中世国家』〈前掲〉）。

この二つの政策路線には鎌倉政権の本質的な方向が宿されていた。「内乱の十年」を経過するなかで、再びこれが浮上する。

戦争から平和へ――「建久」の記憶

二つの政策路線（坂東《ばんどう》自立の武闘路線と王朝再建の協調路線）の対比でいえば、治承四年にはじまった「十年の内乱」は、「文治」年間をへるなかで、王朝との協調（公武合体）へと舵《かじ》を切ることになった。

「建久」に入り、鎌倉殿の二度におよぶ上洛の過程で娘・大姫の後鳥羽への入内問題が浮上する。これにともなう政治日程のなかで、王朝への接近という武家の方向性が鮮明となる。

王朝との血脈志向性に関しては、平氏の政権と同じで、源家の頼朝にあっても変わりはない。軍事貴族たるところにその本質を有した以上、武家たることの必要以上の期待値には限界があった。あらためて「関東」にとっての「建久」という段階を考えるならば、頼朝が体制内権門として、自己を表明した象徴的年号と理解できる。頼朝上洛の意味について、二つの点から整理できる。

一つは官制秩序参入の明確化である。そして二つは天皇との血の結合だ。前者の流れに言及すれば、朝官の拝領については、頼朝は上洛以前から距離を保ち続けてきた。元暦二（一一八五）年三月の壇ノ浦合戦後に、頼朝に無断で後白河から任官を受けた義経や東国御家人《ごけにん》ら「東国無断任官の輩」への厳しい発言は、それを象徴する（『吾妻鏡』元暦二年四月十五日条）。武家の首長たる鎌倉殿にとって、御家人たちの朝官拝領は王朝の官職的秩序へ編入されることを意味した。王朝との距離を保持しようとする武家にとっては、自立の危機と映じ、御家人たちが無断で任官を受ける行為は許容し難かった。そこには朝官拝領を喜々として受容する東国御家人たちへの、頼朝の苛立《いらだ》ちを見てとることができる。各御家人への個人攻撃とも思える手厳しい批評には、鎌倉殿・頼朝の明確な意思が表明されている。

無断任官事件は、大きくいえば最終的には王朝に包摂されることを是とするか、否とするかの選択を語る事件でもあった。王朝の権力的淵源《えんげん》は、最終的には天皇（院）である。したがって東国世界に軍事団体の首長として異なる秩序を構築しようとする頼朝にとって、その政治理念と齟齬《そご》をきたす官職的秩序への参入は、〝必要最小限にとどめるべき〟との判断があった。

一般に主従関係については、平安後期の武的領有者の成長のなかで、家礼《けらい》（来）型と家人《けにん》型という二つのタイプがあったとされる。その後の武家政権の成立で、家礼型に顕著な双務的主従関係は家人型への転換がはかられるに至った。[*]「関東」の新政権が志向したのは、〝アレも〟〝コレも〟と複数の主人を有する関係を切断し、〝アレか〟〝コレか〟という単一・単独的主従への転換にあった。その限りでは鎌倉殿との単一の「家人」型システムへの切り換えを志向するものと解し得る。内乱期の「関東」は武威を彫磨するなかで、武家としての自立志向を確立させた。

そして「内乱の十年」以後の「建久」段階は、王朝京都との関係性のなかで、その正統性への接続が課題とされた。建久元（一一九〇）年、同六（一一九五）年の頼朝の上洛は、それぞれに目的は異なるとはいえ、その陣容の絶大なる力の誇示は、「王威」と対峙し得るまでに成長した

「武威」の証明でもあった。

例えば建久六年の上洛にさいし、上洛直前、頼朝は鎌倉において、弓馬の技芸の武士たちを集め、各家々に伝授された弓箭《きゅうせん》の作法の差異を語らせた。その目的は上洛後の住吉《すみよし》社での流鏑馬《やぶさめ》披露の儀にあって、東国武士団の技量を王朝人や京畿《けいき》の庶人に知らしめることにあった。「東国射手《いて》ノ本《もと》トイヒツベキカ」(『吾妻鏡』建久五年十月九日条)との頼朝の発言には、個々人の家伝の技芸上の差異を「東国」流に統合することにより、鎌倉殿の統率下で武士団の意識の統合をはかることに主眼があった。いわば目的は東国武士風味のパフォーマンスの披露を介し、「関東」の武威をアピールすることだった。

この点はともかく、それまで朝家(天皇)から相対的に政治的距離をとる〝証し〟とした官職とのかかわりについて、その方向を転換するに至った。建久元年末での権大納言《ごんだいなごん》・右近衛大将《うこんえのたいしょう》への頼朝の就任がそれだった。すみやかに辞職したものの、この官職就任という事実により、公卿参入が果たされる。名実ともに頼朝は王朝の〝侍大将〟の地位を与えられたことになる。実態は別にしても、形式上での幕府の誕生は法的・制度的には、この段階ということになる。後世、幕府と呼称される武家の権力体は、こうした国家公権への参画で達成された。

「建久」年号は武家にとって、〝対決〟から〝協調〟への転換の画期となった。以後の武家は「関東」たることの原形質を保持しつつ、自己を(今日的意味での)幕府の名にふさわしい形で適合させていった。この「建久」は〝頼朝卿〟を誕生させた。とすれば、二つ目の「天皇との血の結合」である入内問題***もそれと連動する。公卿に列した〝頼朝卿〟に見果てぬ夢を与えることにもなった。

後白河院は建久三（一一九二）年、六十六歳で没した。このとき、後鳥羽は十三歳。内乱期に四歳で即位して以後、祖父・後白河の保護観察の期間のなかで成長した。やがて、後鳥羽にとって、「治天」としての自覚が促される段階が到来する。その後鳥羽天皇に大姫入内の件が取り沙汰されたのも、「建久」の段階であった。大姫の病死により結果としてかなわなかったものの、頼朝が志向したものは、外戚関係による「サムライ」王朝の樹立に他ならない。かつて清盛《きよもり》の平家が現実のものとした、高倉―安徳を擁しての「サムライ」王朝の再生という方向だった。

「建久」は、武家が婚姻関係という血の結合を介した「正統」性の確保にむけ、王朝との協調の姿勢を鮮明にした段階といえる。京都の王朝からすれば、「頼朝卿」を誕生させたことで、〝同床〟に就かせることが可能となった。同時にそれは「関東」の調教が可能となった段階でもあった。頼朝が希求した血脈に所由する王家との結合は、武家の正統性への参入の証しだったからだ。頼朝の晩年における王朝との協調路線は、頼朝自身が王朝に抱く一種の屈折した感情に由来した****。そして頼朝の建久年間での行動は、北条氏以下の関東の御家人との信頼関係に影をさすことになった。

＊　大雑把《おおざっぱ》に整理すれば、家礼（来）型は独立性が保持された形態で、その前提には所領の領有が大きいとされる。そのため家礼型の主従の結びつきにあっては、双務的契約性が特色とされた。一方、家人型は主人との関係において隷属性が強く、片務的性格の主従制とされる。家礼型にしろ家人型にしろ理念上での区別で、実際には、両形態の中間的な結びつきが少なくなかった。頼朝の目指した御家人制では、叙上《じょじょう》の両者を当初は容認しつつも、最終的には、家人型を以って是とした。その点でも、元暦二（一一八五）年に鎌倉御家人たちが頼朝に無断で京官を任官した事件は、頼朝の主従観を考えるさいの参考となる。以上の点をふくめ、武家の主従観の議論は多くの研究がある。拙著『武士団研究の歩みⅠ』（前掲）を参照。

＊＊　頼朝は建久六（一一九五）年三月の上洛の前年、弓馬の名人たる武士たちを小山朝政《おやまともまさ》の屋敷に集め、相伝する作法が「駆々《くく》で」であったため、その統合がなされたという。それについては上洛のおり、住吉社での流鏑馬の儀にさいし、「京畿ノ輩、モシ見物ニ及ババ、定メテコレヲモツテ東国射手《いて》ノ本《もと》トイヒツベキカ」つまり、武士たちが各家々の流儀を晴れ舞台で示せば統制の無さを人々に伝えかねないことへの懸念のためだとする。頼朝にとって、〝ハレの場〟で東国武士の射芸の〝お手本〟を周知させ、「後難ナキ」の対応をはかることに主眼があった。

　ここに登場する小山朝政以下、十八名の射手たちは圧倒的に〝山の武士団〟と目されるメンバーで、その内訳は下野の秀郷《ひでさと》流、甲斐の義光《よしみつ》流の源氏、さらに信濃《しなの》の望月《もちづき》・海野《うんの》・藤沢《ふじさわ》・諏訪《すわ》、あるいは伊豆・三浦の有力武士の面々が名をつらねている。

＊＊＊　関白《かんぱく》・九条兼実の失脚事件をさす。その背景には本文にも記したように、頼朝による大姫入内問題

があった。当該期、後鳥羽天皇の后妃《こうひ》には兼実の娘・任子、内大臣源（土御門）通親の養女・在子がいた。上洛にともなう王朝との協調姿勢において、頼朝は外戚確保への方向を目指した。

頼朝の入内運動が後白河院の生存中に始まっていたか、またそれが暗黙の了解によるかは、定かではない。一般的には、二度目の上洛時（建久六年）の、後白河院の寵妃《ちょうひ》・高階栄子（丹後局）や兼実の朝堂内のライバルと目される通親への接近のなかで、具体化されていったと考えられている。この間の事情は『吾妻鏡』『愚管抄』などに記されている。いずれにしても頼朝との関係が冷却化した兼実は、通親らの計略により朝堂内での発言権を失い、勢力を後退させていった。しかし頼朝も肝心の大姫の死去にともない、入内の件は沙汰止《さたや》みとなる。この点、上横手雅敬『日本中世政治史研究』（塙書房、一九七〇）参照。

＊＊＊＊　この点かつて石母田正が『中世的世界の形成』（伊藤書店、一九四六／のち岩波文庫）で記しているのは、その代表的考え方だろう。石母田は、頼朝が武士階級の代表として古代の貴族や天皇を打倒すべき役割を担っていたにもかかわらず、そうしたことに無自覚であったために王朝との妥協に走ってしまったと、頼朝に〝負の評価〟を下している点は興味深い。

戦後の古代・中世史のオピニオンリーダーたる石母田の言説は、武士研究において指導的役割を果たした。領主制理論の立場で、頼朝への期待の高さが反映されたものだった。天皇制の克服を標榜する石母田の立場にあって、古代的世界からの解放者として武士を認識し、その象徴として頼朝を捉えようとしたからだ。そうした頼朝への期待値の高さゆえに、大姫入内の目論《もくろ》みを王朝への迎合と解し、頼朝への失望と認識されたことが看取できる。拙稿「中世史学史の点と線」（井上章一《いのうえしょういち》編『学問をしばるもの』思文閣出版、二〇一七）も併せて参照のこと。

源家の武威と宝剣

同じく「武威の彫磨」について、以下では別の角度から考えておく。武家の正当化の役割を演じたレガリア（「宝剣」）の問題を介し進めてゆく。この問題は本書の「序」で言及した神剣の議論とも連動する。説話ながら建久年間は、源家相伝の宝剣（「膝丸《ひざまる》」「髭切《ひげきり》」）が、頼朝の手中に帰す段階でもあった（拙著『武士の原像』〈ＰＨＰ研究所、二〇一四／のち吉川弘文館にて再版〉）。『平家物語』には源家の武威のサクセスストーリーが投影されていた。源家相伝の剣が、霊威《れいい》顕現の「熱《あつ》田《た》社」と「箱根《はこね》社」を介して、頼朝に帰属したとの流れが興味をそそる。熱田社は「草薙剣《くさなぎのつるぎ》」が奉ぜられていた場であり、伊勢ともども王威降臨の聖域とされる。宝剣説話では武権（守護権）の代行機能が、熱田社の草薙的王威と統合し、頼朝に授与されるとの「記憶」を拡張することになった。

他方、箱根権現《ごんげん》の場合も、鎌倉の武家にとって「二所詣《にしょもうで》（伊豆山権現とともに幕府恒例の参詣）」の聖地とされていた。『平家物語』の「剣巻《つるぎのまき》」によれば、ここに奉納された宝剣の一つ「薄緑《うすみどり》」（元来は「膝丸」と称され、これを義経が奉納、その後に曽我《そが》兄弟に伝えられたとされる）が、建久四（一一九三）年の曽我事件後に頼朝の手中に帰したという。「薄緑」は、頼朝の権力掌握の障害となる、義経そして曽我兄弟といった武人たちの所有となっていた。「剣巻」からは彼らを打倒することで、箱根権現の霊威を介し、頼朝の天下草創が可能になる——そんなメッセージが汲み上げられる。

源家相伝の二つの剣は、両者一体として機能すべき源家のレガリアだった。けれども八幡太《はちまんた》郎義家《ろうよしいえ》以降の内紛のなかで、為義《ためよし》の時代にその威力が衰弱、剣の精にそれが反映し、平治の乱（一一五九）での源家敗北に繋がったとのストーリーが語られている。その後の曲折をへて、頼朝が二つの剣を掌握することで、天下草創に繋がるとの設定となっている。

源家及び頼朝の威権《いけん》を伝える「剣巻」とは別に、もう一つ興味深い話もある。『保暦間記《ほうりゃくかんき》』が伝えるものだ。建久元（一一九〇）年の頼朝上洛のおり、面会にさいして後白河院は「今ハ何ノ所望カ（何かこれから望むものがあるのか）」と頼朝に問うた。そのときの「御前ヨリ古メキタル袋ニ入タル太刀ヲ召出《めしいだ》サレテ、是ヤ見知ラレ候ト仰ラレケレバ（院は古い太刀袋から刀を取り出し、この太刀に覚えはあるかと問われた）」との院の言葉を伝えている。もちろん、史実か否かは定かではない。『保暦間記』はこの記事を伝えるなかで、後白河院が頼朝に見せたその太刀こそが、「源氏重代《じゅうだい》ノ髭切」だったとする。

平治の乱では源家の手を離れていた「髭切」が、後白河院を介し再び頼朝に授与されたという話になっている。これに関しては既に【補完し合う王威・法威・武威】の項目でも述べたところだ。そこでは、王権の象徴としての宝剣は王朝の保証による、公武共同統治の表明とも解釈できることを指摘した。それとは別に武権の帰趨《きすう》の流れに限定すれば、さらなる読み込みも可能なはずだ。

『保暦間記』では「髭切」の相伝関係について、次のようにも伝えている。頼朝は平治の乱後、逃亡先の尾張《おわり》で捕縛されたさいに「或ル御堂ノ天井」に「髪切」を隠したが、平家側に見つけ出されたと記されている（ちなみに『平家物語』の「剣巻」では頼朝所持の「髭切」は熱田社に、父・義朝《よしとも》の「小烏《こがらす》」は清盛に渡ったとの話になっている）。「髭切」はその後、清盛の西八条《にしはちじょう》邸新造のおり、後白河院に進納されたという。そのさい太刀を院に献じようとする清盛に、嫡男の重盛《しげもり》は難色を示したとある。太刀が院に進納されることで、重盛は平家の威勢が衰退することを危惧したのだった。平家のその後を予見するかの如《ごと》き重盛の態度を、『保暦間記』ではこのように伝える。

右に紹介した話が附会的内容だとしても、相伝の宝剣（レガリア）の威力を史実に融合させ、虚実の皮膜《ひまく》を伝える方向には興味がそそられる。そこから源平両者の権力が交替する構図の読み取りも可能だからだ。

公武合体の深層をさぐる

これまで「武威の彫磨」という主題のもとで、武家の内乱期での権力の成長を記してきた。宝剣説話が伝える場面も、それと関係した。以下では、この点をもう少し掘り下げておこう。武家権門内での権力交替構図とは別に、権力委任論にかかわる議論だ。

武家相伝を主軸とした宝剣説話（『平家物語』「剣巻」）は、源家内部で完結したストーリー性を有していた。

武家史観に立脚する『保暦間記』でも、宝剣譚《たん》を介し、武家の権威への認識が確かめられる。正統に位置した治天ノ君、後白河院から頼朝への、武権委譲という構図である。見方をかえれば、力による簒奪の〝正当〟化を、公権の認知による〝正統〟化にむけたとする論理である。武権の委任も王朝の代表（天皇・院）によりなされるという、権力の委任観念だ。

東国武家の自立主義のみでは、律しきれない観念が内包されている。そこには「公武合体」の深層が看取される（拙稿「「宝剣説話」を耕す」〈倉本一宏《くらもとかずひろ》編『説話研究を拓く』〈思文閣出版、二〇一九〉〉）。

建久年間、簒奪的要素を前提とした謀反の政権は、王朝体制に内包される武権（諸国守護権の委任）へと自らを転換させた。それは鎌倉政権が、「幕府」という国家公権へ移行していたことになる。『保暦間記』に見られる後白河から頼朝への宝剣授与譚が意味したのは、そうした観念だった。

そもそも「公武合体」とは、本質的に対峙する可能性がある二つの権力を、排することなく、補翼するシステムをさす。この点は史論書の雄として知られる『愚管抄』でも、それを確かめられる。天照大神（天皇・院）の下で、春日社（摂関）・八幡神（武家）の両者がそれを補翼する体制も、実態としては同じだろう。安徳帝の海没による宝剣喪失のなかで、それを補完、代替する役割を期待されたのが武家との認識である。

総じて『平家物語』・『源平盛衰記』、さらには『曽我物語』・『太平記』といった軍記には、武家の在り方が王朝とのすり合わせで解釈されていた。そこでは、新興の武家が体制に組み込まれるための、「記憶」の創出がはかられた。「共同幻想」ともいうべき、かかる観念が実在性を以って人々の歴史観を規定する。いささか難しい表現だが、『平家物語』以下が伝える軍記には、そうした公武合体の思考も伏在しているのではないか。

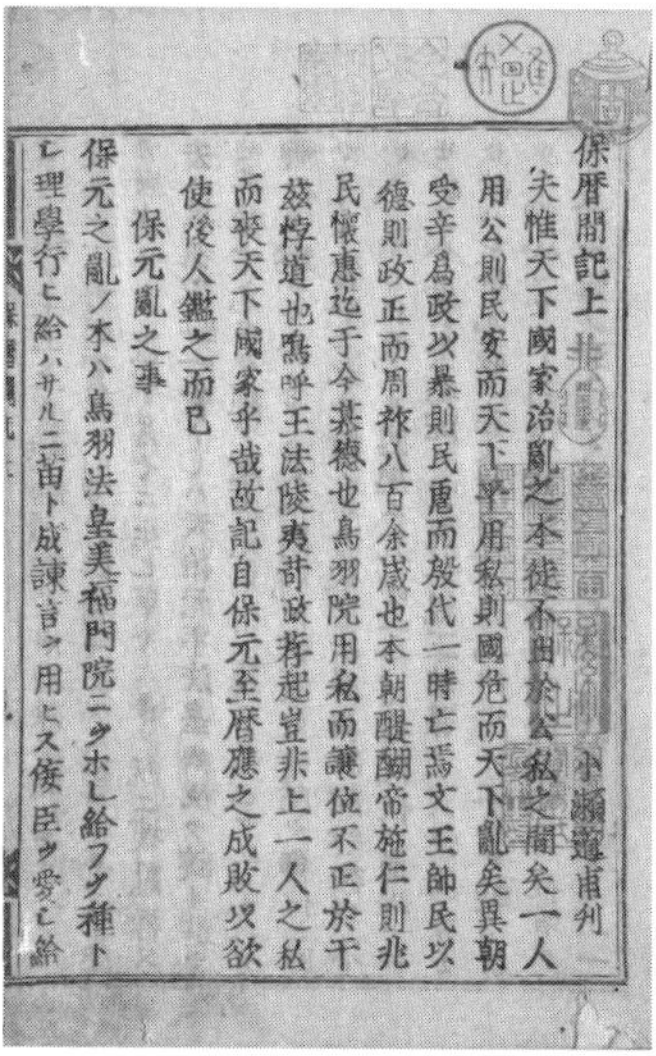
保暦間記上　小瀬道甫刊
夫惟天下國家治亂之本徙不由於公私之閒矣一人
用公則民安而天下平用私則國危而天下亂矣異朝
受辛為政以暴則民虐而殷代一時亡焉文王師民以
徳則政正而周祚八百余歳也本朝醍醐帝施仁則兆
民懐恵迄于今慕徳也鳥羽院用私而讓位不正於干
茲悖道也嗚呼王法陵夷皆政荐起豈非上一人之私
而喪天下國家乎哉故記自保元至暦應之成敗以欲
使後人鑑之而已
保元亂之事
保元之亂ノ本ハ鳥羽法皇美福門院ニタホレ給フタ
ヒ理學行ヒ給ハサル二甫ト成諫言ヲ用ヒス侫臣ヲ愛シ給

『保暦間記』（国立国会図書館蔵）

〝武家か天皇か〟の内乱期は、この権力システムの選択を迫ったことになるが、現実は両者を接合させた形で、それぞれの居場所を定めた。

東西両朝の対抗をはらみつつ、内乱の第一ステージは終了。そこに公武合体の所産としての「鎌倉幕府」を誕生させた。そこでは、のちの「承久」に象徴されるような王威再生への契機を宿しつつ、中世を規定した「鎌倉の時代*」を現出させることになった。

＊　ここにいう「鎌倉の時代」とは、「鎌倉」という武家の府が、権力に規定的役割を果たした時代をいう。それは広く「鎌倉幕府」の時代のみならず、そのあとの室町前期の「鎌倉府」（室町幕府が関東を掌握するために置いた、幕府に準じた機構）の時代までをふくむ、二五〇年にわたる段階をさす。鎌倉はこの間、東国での政治権力の磁場として作用し、十五世紀後半の享徳《きょうとく》の乱（一四五四〜）でその政治的エネルギーを喪失するまで続くことになる。

武威の諸相――「鎌倉殿」と「将軍」

十二世紀末の内乱は点線ながら、公武闘諍でのうねりとして、その後の承久合戦まで続き、終わりをむかえる。

「建久」の年号は、鎌倉殿・頼朝の死（建久十年）を象徴するように終わる。一方でその「建久」段階は後鳥羽による院政への助走の始まりでもあった。「建久」以後「承久」にいたる二十年は、後鳥羽院の主導する王朝にあっては、土御門、順徳両天皇へと推移した。そして頼朝なき関東にあっては、頼家・実朝の二人の将軍の時代だった。この二人の将軍は、ともども頼朝の遺産たる「鎌倉殿」の地位を継承した。

元来、鎌倉殿とは官職と無関係に存在するものだった。その点で公的・官職的秩序の「将軍」と異なる。「鎌倉殿」は軍事団体の首長に対しての私的呼称だった。武士たちにとって、自己の存在を保証してくれる者への尊称だ。王朝との隔壁を設けて、東国の自立を標榜した頼朝は、まさに「鎌倉殿」という存在にふさわしかった。将軍であるか否かは、鎌倉殿の条件では必ずしもない。『吾妻鏡』にはその鎌倉殿の誕生を象徴する記述がみえる。

新造ノ御亭ニ御移徙《いし》ノ儀アリ……凡《およ》ソ出仕《しゅっし》ノ者三百十一人ト云々《うんぬん》。又《また》御家人等同ジク宿館《しゅくかん》ヲ構《かま》フ。シカリシヨリ以降、東国皆ソノ有道《うどう》ヲ見テ、推《お》シテ鎌倉ノ主《ぬし》トナス。

（『吾妻鏡』治承四〈一一八〇〉年十二月十二日条）

治承四年の内乱勃発の数カ月後、頼朝は家人たちに推戴《すいたい》され、「鎌倉ノ主」とされた。謀反から出発した頼朝が、東国に「武権」を創出した場面を、『吾妻鏡』は右のように伝える。占領地域を実効支配以来、「関東」を自称した権力の原点がここにある。いうまでもなく制度上での呼称「幕府」の成立という点では、建久年間こそが妥当なのだろう。武家が国家内部に正当なる位置を与えられる、それが幕府の原義だった。その意味では「幕府」は公権力（国家公権）との親和性が前提となる。公権との接触なき段階では、幕府など存在し得ない。だが「鎌倉殿」とは、軍事団体の首長としての私的要素の呼称に由来する。

それでは鎌倉殿とは、どのような歴史的存在なのか。改めて問われることになる。東国政権の謀反性に着目したとき、「関東」の語が浮上する。鎌倉の政権は自己を「関東」と表現した。それは王朝からの相対的自立を志向したもので、そこには謀反から出発した〝歴史性〟が宿されていた。その点で「関東」なり「鎌倉殿」の観念には、制度外的要素がはらまれていた。

それに比し、王朝権力との調和性や親和性をともなう「幕府」の語には、王朝権力の一分肢としての性格が付随する。当然ながら幕府段階の鎌倉殿は、将軍と不即不離の関係にある。源家三代の将軍時代はその段階だ。指摘されているように鎌倉将軍には三つの段階があった。源家将軍（源頼朝、頼家《よりいえ》、実朝《さねとも》）、摂家将軍（藤原〈九条〉頼経《よりつね》、頼嗣《よりつぐ》）、そして親王将軍（宗尊《むねたか》、惟康《これやす》、久明《ひさあきら》、守邦《もりくに》）である（**巻末系図Ⅷ**）。形式上はそれぞれに鎌倉殿の呼称が付与される。

だが、実質的な「鎌倉ノ主」という点では、頼朝の死後に幕府の舵取り役となった北条得宗《ほうじょうとくそう》家《け》が主役だった。「鎌倉殿」を助ける執権体制から得宗（北条氏惣領《そうりょう》）専制への移行のなかで、権威と実力が乖離《かいり》する。北条得宗家の専制が一般化するなかで、「関東」の権力を掌握した北条得宗家を、鎌倉殿と称する流れが登場する。『太平記』によれば、北条得宗家の第十四代高時《たかとき》は

「鎌倉殿」と呼称された。鎌倉幕府の結集軸として、得宗家がその役割を担うに至ったことが了解される。そこには鎌倉将軍とは別立ての実力に根ざした「鎌倉殿」の呼称があった。

当初の武家の権力は、頼朝に代表される中央の軍事貴族を担ぐことで、「鎌倉殿」を創出させた。鎌倉北条氏の時代は、その段階からの脱却を可能とさせた。承久の乱とは、貴種性をもたない北条氏を鎌倉の結集軸に据えるための、大きな画期だった。そこには源家の血脈を必要としなくなるまでの、東国武士団の成長があった。北条得宗家を「鎌倉殿」とする呼称は、鎌倉幕府が土着の勢力たる北条氏に担われたことの結果でもあった[*]。

源頼朝
ColBase（https://colbase.nich.go.jp/）

東国の軍事団体の首長の呼称、それが「鎌倉殿」であり、鎌倉幕府はその首長が従者たる家人を率い、諸国守護を担当する軍事組織だった。そこには私的な主従の観念にもとづく結合と諸国守護権（軍事権）の分与・授与という公的職制が内包されていた。前者の主従的（私的側面）に由来する呼称が鎌倉殿だった。武家の成熟にともない将軍と重なる側面はあるにしても、本質は異なる。鎌倉殿は東国世界が培ったものだった。その遺産は常に東国社会と結合して、日本の中世を規定した（拙著『その後の鎌倉』〈山川出版社、二〇一八〉）。

ちなみに承久の乱後の北条氏体制の成熟は、さらなる「武威の彫磨」を可能にさせた。北条氏の権力は当初こそ源氏の貴種性を媒介としたが、その後は土着性を有した武士の権力を育て得たことになる。** ただし、東国的土着権力の北条氏にとって、「鎌倉将軍」に付随する貴種性は、重視されねばならない。摂家将軍でも親王将軍でも貴種性を背負う名目的存在は不可欠――形式的服従の立場で、北条高時《たかとき》の代まで実権を握り続けた。王朝との親和性が鎌倉将軍に期待された価値だとすれば、王朝に同化されない自立性こそが、「鎌倉殿」たることの価値だった。***

＊　蛇足ながら、鎌倉北条氏の土着的権力が、関東武士の輿望《よぼう》を担うに至ったことを考えるならば、後世、戦国期に小田原《おだわら》に拠点を据えた伊勢宗瑞《いせそうずい》の末裔《まつえい》が「後北条」を名乗ることは改めて注目される。彼らは伊豆の韮山《にらやま》・北条の地を起点とした。後北条氏が、東国世界のアイデンティティとして、歴史的認知を与えられた北条氏という記憶を再生・再認定することで、東国へと君臨するための正統性の依《よ》り代《しろ》としたことは、留意されるべきだろう。鎌倉将軍（源氏将軍）→鎌倉北条氏→室町将軍（足利将軍）→小田原北条氏という構

図のなかに、土着権力の点滅のされ方が看取される。

** 戦前の史家・渡辺保《わたなべたもつ》『北条政子』(吉川弘文館、一九六一)で、北条氏の執権体制を評して「はじめての土着の政権」なる表現を用いて、源家三代の政権との相違を説明した。そこには軍事貴族たる頼朝以下の源氏政権との違いが語られている。それを援用すれば、北条氏は執権という立場で「土着の政権」を創出するためには、〝源家〟という〝貴種的な媒介変数〟が必要だったことになる。

*** 「将軍」・「鎌倉殿」両者との関係で想起されるのは、佐藤進一『日本の中世国家』(前掲)に指摘されている内容だ。東国に誕生した武家の権力を評して「京都朝廷の侍大将として位置づけるか、それとも相対的にせよ独立性をもつ政治権力に育てあげるかという政策論議とは別に、軍事団体としての本質を維持しつつ、同時に政治権力たりうるという、権力の二重性の問題が内包されている」との理解であろう。そこには、鎌倉殿(=独立的軍事団体の首長)と将軍(=京都朝廷の侍大将)の二重の権力体の構図が与えられているからだ。

「関東」が宿すもの――〝健全なる野党〟の誕生

「所ハモトヨリ辺鄙《へんぴ》ニシテ、海人野叟《やそう》ノホカハ、卜居《ぼっきょ》ノ類コレヲ少ナウス」とは、開府以前の鎌倉の『吾妻鏡』(治承四〈一一八〇〉年十二月十二日条)の一節だ。そこには武家の都以前の、鄙《ひな》たる地の記憶が宿されている。その鎌倉にとって都を背負った軍事貴族は、必要不可欠の存在だった。鎌倉はこの外部からの媒介者を「鎌倉ノ主」(鎌倉殿)と担ぐことで、鄙の世界からの脱却を可能とさせた。鎌倉には当初よりローカリズム（鄙的要素・地域的・文化的）と、媒介者・頼朝に構築されたグローバリズム（都的要素・中央的・文明的）という二つが、接《つ》ぎ木《き》されるように併存した。

すでに記したように、この二つの要素は融合し合いながら、王朝の京都に対峙し得る勢力へと成長する。「関東」は謀反性を宿し、公権との接触を介し、武家の立ち位置を確保していった。「鎌倉殿」という私的な軍事団体の首長は鎌倉に君臨し、東国武士団は、それを選択することで武士のための権力体を築いていった。内乱は武家という存在に「武威」を付与することで粗野《そや》な武士のエネルギーを吸収、他方で対王朝の面では〝変圧装置〟（粗野的武力性の調教装置）としての役割を与えた。

したがって私的な鎌倉殿が、公権性を帯び国家権力の一翼を担うに至ったとき、国家公権の立ち位置へと鎌倉殿は変容する。鎌倉将軍という官職を帯有した段階——頼朝の征夷大将軍就任——の府こそが「幕府」だった。したがって幕府に内包されているのは、〈鎌倉殿的〉私的要素と〈将軍的〉公的要素が、併有された権力権門ということになる。そして、その本質はといえば前者にこそあった。

それは指摘したように、力を前提に形成されたもので、ここに連動するのが「正当」の語だった。そして、その「正当」化をさらに彫磨するために「正統」化に向けて動きだす。別言すれば、謀反性からの脱却である。

国家公権という統治権的支配を射程に入れるなかで、鎌倉殿の権力はあらたなステージに入る。その段階が「将軍」であり、その府こそが「幕府」と認識される。縦軸として御家人との主従関係が鎌倉殿だとすれば、横軸に対応する統治権的関係性が将軍だった。

以上、武家はその後、「幕府」という形態をとりつつ、国家権力の一翼を担うことになる。それは最終的に天皇や朝廷を排したものではなく、〝健全なる野党〟たる役割を担い続けたところに、その本質があった。その原点が「関東」から誕生した鎌倉幕府ということになろうか。

二、南北両朝と十四世紀の動乱

ここでは中世の二つ目の画期、十四世紀半ばの内乱を眺める。屹立《きつりつ》する研究史的文脈は先行の論著にゆだねる。前節との対比でいえば、武権の伸長が幕府というシステムに定着、その〝免疫〟性が国家権力内に宿された段階といえる。鎌倉期一五〇年は「承久《じょうきゅう》」をへることで、武権は国家権力内部で凝固作用を増大させていく。十三世紀後半における異国合戦（モンゴル襲来）は、武家の権力を助長させた。北条得宗家《ほうじょうとくそうけ》による専権の拡大は、南北朝の動乱への助走ともなる。

十二世紀の内乱が「東西両朝」を現出させたとすれば、この十四世紀の内乱は、「南北両朝」へと繋《つな》がった。かつて明治期に活躍した文明史家・田口卯吉《たぐちうきち》は、この南北朝の時代を称して「最も残酷なる戦争の時代」（『日本開化小史《にほんかいかしょうし》』）とも語った。

「王威《おうい》と武威《ぶい》の諸相」のテーマのもと、本節では天皇・院の王威再生の動きを整理しつつ、元弘《げんこう》・建武《けんむ》の乱に至る推移を語ることから始める。また、武家についても、南北朝の動乱がその後の武家の権力に与えた規定性にふれておきたい。

1　王威の再生──其の二

承久以降──後堀河天皇から後嵯峨天皇へ

王威再生のバトンは後鳥羽《ごとば》上皇以後、後醍醐《ごだいご》天皇に継承される。年号では「承久」から「建武」へという流れだ。以下では、その後醍醐の登場により達成された「元弘一統《いっとう》」を考える。その前に承久合戦（承久三〈一二二一〉年）で敗れた後鳥羽院以後の流れを簡略におさらいしておく。後鳥羽の血脈は「両統迭立《りょうとうてつりつ》」を出現させるが、この時間軸の理解は、鎌倉後期の京都朝廷をながめるためにも必要となろう。後鳥羽院を中心とした**巻末系図Ⅵ**を参照していただきたい。

承久の乱は「三帝二親《さんていにしん》」――後鳥羽・土御門《つちみかど》・順徳《じゅんとく》、六条宮《ろくじょうのみや》（雅成《まさなり》親王）・冷泉宮《れいぜいのみや》（頼仁《よりひと》親王）――の配流で決着をみる。乱勃発時の天皇は、父・順徳天皇から譲位されたばかりの幼帝・仲恭《ちゅうきょう》（懐成《かねなり》親王）だった。乱後、北条義時《よしとき》はその仲恭天皇を廃し、後堀河《ごほりかわ》天皇（在位：一二二一～一二三二）を擁立した。父は後高倉院《ごたかくらいん》（守貞《もりさだ》親王）である。高倉天皇の第二皇子として、かつて異母兄の安徳《あんとく》天皇とともに、西海にともなわれた人物だ。この点は前にふれた。

守貞親王は、間接的には「東西両朝」の縁を有した人物という見方もできる。安徳・後鳥羽という異母兄弟の媒介的役割とも評し得る。守貞親王の母は後鳥羽と同じ七条院殖子《しちじょういんしょくし》であり、幕府の選択で浮上した人脈だった。後高倉院の立場で院政を執り、十歳の茂仁《ゆたひと》（母は北白河院《きたしらかわいん》陳子《ちんし》）が、八十六代天皇（後堀河天皇）として即位した。茂仁の母・陳子は、頼朝と縁の深い平頼盛《よりもり》の孫娘だった（**巻末系図Ⅴ、Ⅵ**）。いずれにしても承久以後の王家の流れは右のように推移する。

その十年後の寛喜《かんぎ》三（一二三一）年、後堀河天皇に皇子・秀仁《みつひと》親王（のちの四条《しじょう》天皇、母は九条道家《くじょうみちいえ》の娘・竴子《しゅんし》）が誕生する。だが、この後高倉院の流れに属した四条天皇は、幼少の時期に亡くなったため、その血筋も途絶えることとなる。

皇位継承が取り沙汰されるなか、土御門天皇（院）の子・邦仁《くにひと》親王が八十八代後嵯峨《ごさが》天皇（在位：一二四二〜一二四六）として即位した。その即位の朝堂内の思惑については、『増鏡《ますかがみ》』（南北朝時代に成立の歴史物語）も語るところだ。この即位の決定には北条泰時《やすとき》の推挙が大きかった。候補とされた後鳥羽院の血筋のうち、主戦派の順徳院よりは、非主戦派の土御門院の系統が重視されたという。その結果が後嵯峨天皇の即位だった。仁治《にんじ》三（一二四二）年のことだ。

この年、当の泰時は没し、順徳院も配流先で亡くなった。すでに三年前に後鳥羽院（六十歳）が隠岐《おき》で没しており、後嵯峨天皇の登場は「承久」の軛《くびき》からの解放にも繋がった。公武《こうぶ》協調路線は新天皇・後嵯峨のもとでスタートすることになる。その後嵯峨天皇（母は土御門通宗《みちむね》の娘・通子《つうし》）は、在位四年で譲位したが、二十六年間にわたり院政を行い、王朝再生に尽力したことでも知られる。

配流された土御門院の皇子として、冷遇され成長した後嵯峨院は、自身を皇位に推挙した幕府との関係を重んじ、公武協調路線を成熟させていった。中宮の西園寺《さいおんじ》家出身の姞子《きっし》（大宮院《おおみやいん》）との間に後深草《ごふかくさ》・亀山《かめやま》両天皇となる皇子が誕生、相次いで皇位を継承する。だが、皇位継承をめぐる両統迭立問題は、ここから始まることになる*（**巻末系図Ⅶ**）。

---

* 後深草（持明院《じみょういん》統）、亀山（大覚寺《だいかくじ》統）両派の抗争の背後には、膨大な皇室領の相続問題が絡んでいた。

当該期の公卿《くぎょう》の権益として、皇室・院領荘園を媒介とした収益は小さくなかった。それ故に二つの皇統の争いは、公卿たちにとっても関心事であった。以下、簡略にその皇室領荘園群の流れについてもふり返っておく。古典的な研究ながら『御料地史稿《ごりょうちしこう》』（帝室林野局《ていしつりんやきょく》編、一九三七）は、荘園群の相伝の大局を知るうえで有益なものだ。両統の経済基盤の源流ともいうべき皇室領荘園は、院政期にさかのぼる。

大覚寺統系の所領として、八条院領の荘園群がある。鳥羽院の皇女・八条院《はちじょういん》は、父から安楽寿院《あんらくじゅいん》領四八カ所、白河の地の歓喜光院《かんきこういん》領二六カ所を伝領、またのちに承久の乱後、幕府から後高倉院に進ぜられた諸所領も加え、二二〇余カ所にのぼったとされる。その大部分が亀山天皇へと伝領され、大覚寺統の経済基盤を提供した。

他方、持明院統の後深草天皇が伝領したのは、後白河院の持仏堂の長講堂《ちょうこうどう》に付属した荘園群約九〇カ所だった。多くが後白河と丹後局《たんごのつぼね》（高階栄子）との間に誕生した皇女・宣陽門院《せんようもんいん》（覲子《きんし》内親王）に譲られ、それが後深草天皇へと伝領、持明院統へ継承された。また鎌倉期には右のような荘園群とは別に、公領（国《こく》衙《が》領）の院分国化《いんぶんこくか》（上皇・女院が受領《ずりょう》の任命権をもつ）も進展する。院政期以降に制度的定着がなされ、分国の固定化が促進されたという。以上の点は橋本義彦《はしもとよしひこ》執筆「皇室領荘園」（児玉幸多《こだまこうた》編『日本史小百科8 天皇』〈近藤出版社、一九七八〉）も併せ参照のこと。

迭立の背後にあるもの

皇位継承の大局を眺めた場合、縦の流れ（父子相続）と横の流れ（兄弟相続）の二つがあった。一般に後者が登場する前提には、古代律令《りつりょう》制に見いだされるように、天皇自身による執政（親政）志向があった。天皇が政治を為《な》すことに、不安なき態勢が前提だった。そこでは個人の能力が問われる。父子に拠《よ》る縦の血筋は理想だとしても、幼少で力量がない場合もあり、実質主義が重視されたからだ（佐伯智広《さえきともひろ》『皇位継承の中世史』〈吉川弘文館、二〇一九〉）。

他方、諸種の理由で「親政」志向が放棄される摂関《せっかん》期や院政期になると、父子たる血筋上の資質が重視される。つまりは年齢にともなう執政能力は問われなくなった。天皇システムの成熟に対応し、血筋の正統性こそが天子《てんし》の適否の基準となった。結果として幼帝云々《うんぬん》の不安は、皇位継承条件の外に置かれる。ちなみに、古代の女帝に幼帝がいないのも、男女の性差に関係のない能力主義に由来したからに他ならない。この血統主義と能力主義は、皇位継承の二者択一の要素ではなく、あくまで比重の問題ではあるが。

その点で既述したように、十世紀以前は、中国的皇帝主義（グローバリズム・文明主義）を前提とした天皇名（天武《てんむ》・文武《もんむ》・聖武《しょうむ》・桓武《かんむ》・等々）だった。これに対し、摂関期以降の天皇名は、京都周辺の地名を冠する（ローカリズム・文化主義）の天皇名（宇多《うだ》・醍醐《だいご》・村上《むらかみ》・一条《いちじょう》・三《さん》条《じょう》・白河《しらかわ》・鳥羽《とば》・等々）が顕著となる。したがって能力主義は中国的皇帝志向に依拠したものであり、大陸の律令システムの導入の反映ということができる。他方、そこから解放される王朝期以降は、天子不執政が一般化する。そこでは天皇の象徴性が重視される。

以上のことを前提に、鎌倉後期に登場する後嵯峨朝以降の流れ（「後深草」→「亀山」→「後《ご》宇多《うだ》」→「伏見《ふしみ》」→「後伏見《ごふしみ》」→「後二条《ごにじょう》」→「花園《はなぞの》」）は、王朝国家期以降のローカル的追号たることで共通する＊（**巻末系図Ⅰ**）。これらの天皇あるいは上皇たちの様子は、『増鏡』をはじめとした古典文芸作品にも活写されており、当該期の文化を介して王威の自己主張も看取される。

＊「後」を冠する天皇の多くは、前の天皇名の踏襲であり、地名や居所などによった（追号）。本文との関係でいえば、後嵯峨・後深草・後宇多・後伏見・後二条、そして後醍醐とその多くが平安期の天皇名の再生だった（八十九代後深草の深草は五十四代仁明《にんみょう》天皇の別称が「深草」だったことによった）。ちなみに、「後」を冠した天皇名の早い例は、摂関期の「一条天皇」の後継の「後一条天皇」だった。

両統迭立の行方

皇嗣《こうし》の選定についての原則は二つある。一つは天皇の意思による選定である。二つは中国の継嗣《けいし》的慣習による嫡長子《ちゃくちょうし》相続だ。両者はいずれかが主旋律として、時代により推移する。

「迭立」とは交互に地位に就くことをいい、「統」は血脈をさす（ちなみに「系」とは血統性を問わず、非血脈性も加わる）。したがって両統は血脈上での分裂をいう。教科書的に解説すれば、後嵯峨院は天皇譲位後、長期（二十六年間）にわたり院政を行った。二人の子息たる後深草および亀山の両者を相次いで即位させた。ともに西園寺姞子（大宮院）を母としたが、後嵯峨院は弟の亀山を愛し、皇統をこれに継承させようとした。そのために兄・後深草との間で皇統が分立する。

両統は皇位継承をめぐり抗争となる。文永《ぶんえい》九（一二七二）年に後嵯峨院が没すると、亀山天皇は子の後宇多天皇に譲位して、院政を行った。後深草院はこれを不満として、幕府に自身の血脈継承を要望することとなる。その結果、後深草院の皇子（熙仁《ひろひと》親王）にも皇位継承の流れがつくられることとなった。かくして弘安《こうあん》十（一二八七）年、後宇多天皇から持明院統の熙仁親王＝伏見天皇への譲位が実現される。

後深草上皇は新天皇・伏見の実父の立場で、「治天《ちてん》」として院政を執ることになる。後深草側は幕府との協調に意を尽くし、正応《しょうおう》二（一二八九）年には伏見の皇子（胤仁《たねひと》親王＝後伏見天皇）を皇太子に立て、皇統の継続に成功する。

他方、幕府との関係で水をあけられた大覚寺統の亀山上皇側は、失意により落飾《らくしょく》するが、伏見天皇の近臣・京極為兼《きょうごくためかね》＊の一件もあり、後伏見天皇への譲位後は、再び大覚寺統の邦治《くにはる》親王（後二条天皇、父は後宇多）が皇太子に立つことになる。

このあたりの詳細な経緯については、『増鏡』さらには『神皇正統記《じんのうしょうとうき》』などに指摘されている。いずれにしても、両統迭立の遠因となったのは、後嵯峨上皇の意向を忖度《そんたく》する立場（天皇・院の意思）と、慣習上での継承法（嫡長子制）の立場という両者の攻めぎ合いだ。この点は改めて確認しておきたい。

＊京極為兼の父は為教《ためのり》で、曽祖父は藤原定家《ていか》。持明院統の近臣として、伏見天皇に仕え和歌を指導した。天皇の信頼を得て政治、皇統の迭立などにも関与。それが原因で佐渡《さど》・土佐《とさ》に二度にわたり配流された。京極派歌壇を主宰し、一族の二条為世《にじょうためよ》と勅撰集の選者の座をめぐり対立した（**巻末系図Ⅲ**）。

後嵯峨院の意向と二つの継承原理

治天の意思による皇嗣決定観と血脈による嫡長子の優先観、この両者が混線することは、後嵯峨以前にも少なからずあった。とりわけ両統迭立はこの問題が伏在する。後嵯峨天皇は、承久の乱での非主戦派の土御門天皇の血筋の継承者だったことから、武家（北条泰時）側の強力な推挙を得て皇統を継ぐことになった。その関係から後嵯峨には親幕的意思が強くはたらいた。後嵯峨院時代の王朝の華やかな気分は『増鏡』（例えば「北野の雪」〈第七〉・「あすか川」〈第八〉等々）に詳しい。

その後嵯峨院は自身の没後について、亀山天皇系統への皇位の内意を示しながら、皇位継承の件は、幕府の処置に委任すると遺詔《いしょう》した。したがって皇嗣決定において、弟の亀山側では、父権（上皇・治天）尊重の意思がはたらくことになる。一方で、兄の後深草側では嫡長子の優先観に加えて、皇嗣決定での武家関与（幕府への委任遺詔）の容認も、はたらいた。

後嵯峨が残した遺詔は、大きくいえば二つの原理が伏在している。次子・亀山への継嗣に留意した父権に内在する原理、いわば家父長権の延長に属する私的な原理である。その点では、この原理は息子たちへの個人的好嫌・情愛等の条件が加味されるなかでの選択といえる。原初的な形態であるが故に、それは制度とは距離があろう。後嵯峨が亀山への継承を〝内意〟でしか示し得なかったのは、この点にかかわっている。

そして〝内意〟から漏れた後深草の拠るべき原理は、皇位継嗣法という慣習的・半制度的な中での考え方だ。それは時として臣下の諸勢力の合意という、公的秩序を前提とする。〝内意〟という治天（父権）とは別の原理ともいえる。この二つの原理は詰まるところ、院・天皇を戴《いただ》く王家内部が過去の歴史でも遭遇した選択だった。

ただし、過去の先例が通用しない最大の難関があった。それは武家（幕府）の関与という点だった。重要なのは、それが後嵯峨の遺詔という形で公的な形をとり、武家（幕府）との協議に委ねられたことだった。そこで持明院統の後深草が皇位継承を主張し得る最大の根拠は、武家との協力体制（公武合体）を是認していた点だった。

両統迭立の構図が、後嵯峨の意思の不徹底さに由来するとの見方がある。しかしその背景には、後嵯峨院がその意思をつらぬけなかった理由こそが、問われるべきなのだろう。後嵯峨自身も逢《ほう》着《ちゃく》したであろう苦悩、それは上皇や天皇個人の好みの選択を許さない歴史的環境である。要は武家・幕府の力が大きかった点だ。

二つの皇統がそれぞれの主張に対応して選択しようとした原理は、武家（幕府）との関係性にも波及した。〝武家か天皇か〟——ここでもこの問題に行き当たる。大覚寺統の論理の延長には、幕府との関係から距離をおく王権の自立志向が宿されている。後嵯峨天皇退位からおよそ七十年後、後醍醐天皇（在位：一三一八～一三三九）の親政主義に、これが行き着くのも当然の流れといえる。すなわち「治天」（王権の主体的掌握者の呼び方。上皇・天皇のいずれにも治天の資格がある）というシステムにあって、他の権力（具体的には武家）の介入を許さないとの後醍醐天皇側の表明である。皇位継承者の選定は、「治天」以外にはあり得ないとの立場だ。

後醍醐天皇が「親政」志向により、父権＝上皇権による父・後宇多院の政務（院政）を拒否したのも、天皇権力の一元化を通じて、王威の再生を試みた帰結である。亀山系の流れは、その後醍醐により体現されることになったのだ。

それは上皇の立場で「治天」を希求し、承久の乱を起こした後鳥羽院と同様の王威増幅の方向といえる。天皇であろうが、上皇であろうが、「治天」たる立場での公武一元化に向けての志向だった。そして持明院統の後深草院の場合、武家を許容する公武合体志向ということになる。それ故に武家にとっては、持明院の志向する伝統的院政システムと同居しやすかった。

その後、足利《あしかが》体制に至り、持明院統が北朝の立場で京都朝廷を構築し得たのは、この点と無関係ではない。それは鎌倉時代後期での宗尊《むねたか》—惟康《これやす》—久明《ひさあきら》—守邦《もりくに》と続く、鎌倉親王将軍が持明院統の血脈に繋がっていることも関係する（**巻末系図Ⅶ**）。とりわけ久明と続く守邦親王は、後深草の直系にあたる。武家（幕府）にとって、それだけ協調し易い立場といえる。足利政権が北朝の持明院統との連携を保持する歴史的な流れは、こうしたところに由来した。*

---

* ちなみに両統の主義主張は、江戸そして明治の「南北朝正閏論《なんぼくちょうせいじゅんろん》」という大きな問題と関係する。これは後述することとし、以下、両統の立場を代弁した史書・史論について簡略にふれておく。時間的な流れでいえば、南北朝期の十四世紀半ばに著された北畠親房《きたばたけちかふさ》の『神皇正統記』は、吉野・南朝の正統性を主張した。京都・北朝を正統とするものには、南北朝合一後の十五世紀に後小松《ごこまつ》天皇が洞院満季《とういんみつすえ》に作らせた『本《ほん》朝皇胤紹運録《ちょうこういんじょううんろく》』（『群書類従《ぐんしょるいじゅう》』）がある。
『本朝皇胤紹運録』は室町体制の隆盛と相俟《あいま》って、公定の帝王系図とされた。その後、十五世紀末の後土御《ごつちみ》門《かど》天皇（一〇三代）のおりには小槻晴富《おづきはれとみ》『続神皇正統記』が著され、光厳《こうごん》から後花園《ごはなぞの》（一〇二代）までの流れが叙《じょ》されている。その後、近世江戸期に至り水戸《みと》藩による『大日本史《だいにほんし》』が登場、神器《じんぎ》の所在による正閏か

ら南朝正統論が主張され、これが幕末における尊王《そんのう》論に大きな影響を与えた。他方、近世における幕府の公式見解ともいうべき林家《りんけ》編纂の『本朝通鑑《ほんちょうつがん》』の場合、北朝を正統として、江戸期に至る朝廷の祖である北朝擁護の立場をとった。ちなみに壇《だん》ノ浦《うら》で海没した神器だが、後鳥羽院の提案で伊勢神宮祭主が後白河に贈った剣を新たに採用。順徳天皇の行幸から帯同するようになった。北朝に受け継がれたのち変遷をへて「正平一統」のおりに北朝から南朝（後村上）に移った。

いずれにしても、中世は王威と武威が共存するなかで推移する。武家（幕府）との共存をはかる流れは、鎌倉・室町の幕府体制という現実を選択する。

一方、承久段階での後鳥羽上皇、元弘での後醍醐天皇の路線は、武家を否とした理想を追求、前者にあっては敗北、そして後者では半ば成功との解釈もなされた。江戸期の武家体制の成熟期をへて、明治維新は王政復古を標榜《ひょうぼう》するなかで、三度目の王威再生を実現したとの解釈もある。その解釈の妥当性は別にしても、「建武中興」の語感が近代の所産だとすれば、王威再生に向けた中世の〝遥かなる夢〟を実現させたことを高唱するには、意味ある用語だったことになる。

「文保の和談」と後醍醐の登場

持明院・大覚寺両統の争いは、幕府の意思にも影響を与えた。遠くは承久の乱での戦後処理が大きい。けれども武家は朝廷人事の不介入を原則としており、時限的措置としての関与姿勢を堅持した。

以上の点を確認しつつ、後二条天皇以後も整理しておく。正安《しょうあん》三（一三〇一）年、大覚寺統の邦治《くにはる》親王（後二条）の即位にさいし、両統は後継の立太子《りったいし》をめぐり争った。大覚寺統は弟の尊治《たかはる》親王（後醍醐）を推した。他方、持明院統の伏見上皇は、後伏見天皇の弟・富仁《とみひと》親王（花園）を推して争うことになる。幕府の支持を求め両方の使者が、京都と鎌倉を何度も往還した。「競馬《くらべうま》ノゴトシ」と、その様子を『増鏡』は伝える。

最終的に皇太子（東宮《とうぐう》）には、持明院統の伏見上皇の皇子・富仁親王が立った。幕府側も、両統交互の立太子を主張する伏見上皇の意見に従ったことになる（ただし、富仁の皇太子冊立《さくりつ》に際して、伏見上皇は皇統の再分裂回避のため、富仁を後伏見の猶子《ゆうし》とした）。かくして後深草・亀山両統の迭立が、定着する方向となった。

後二条天皇没後、富仁親王（花園天皇）が践祚《せんそ》、父の伏見上皇が政務を執ることとなった。かかる状況下、文保《ぶんぽう》元（一三一七）年四月、幕府は大覚寺統サイドの働きかけに応じ、東宮となった尊治親王の次には、故後二条天皇の皇子・邦良《くによし》親王（次期東宮）と、その後に後伏見の皇子・量仁《ときひと》親王（光厳）の、交互の践祚案を提出する（**巻末系図Ⅶ**）。「文保の和談」と呼称されるこの提案は両派の思惑の相違もあり、直ちに成立しなかった。その後、強硬派の伏見院没後の文保二（一三一八）年、花園天皇の譲位と尊治親王（後醍醐天皇）の践祚、さらに邦良親王の立太子が実現する（『増鏡』第十一「さしぐし」、第十二「浦千鳥」）。

後醍醐登場に至る流れを略述すると、右のようになろうか。後醍醐天皇は『増鏡』などによれば王威の復活に意を注ぎ、かつての王朝の儀式を再生することにも強い関心を注いだ。「宋学《そうがく》」（朱子学）の大義名分論を標榜し、律令政治の復興を理想とした天皇は、自己の血脈の継承を切望した。そのための現状打開が望まれた。そして決意の果ての決断が訪れることになる。

後醍醐天皇の登場と、それにともない討幕に至る流れ——元弘の乱（一三三一）——についての具体的経過は、ここでの主軸ではない。多くを了解のうちとして、「王威再生」のテーマのもとで、以下は建武体制の諸相に議論を移すことにする。

「親政」か、「院政」か——京都の選択

建武は〝新政〟であり〝親政〟であった。歴史用語として、現在では「建武の新政*」が用いられている。鎌倉の北条体制を刷新した新しい政治システムの総称である。そして、その政治システムは「元弘一統」が語るように、公武一元化による天皇を中軸とした体制だった。後醍醐天皇による「親政」体制である。

「親政」は天皇の直接の執政に由来する語である。これに対し、執政権がその父（上皇＝院）にある政治システムが「院政**」である。この点は先にふれた。ちなみに上皇とは「太上《だいじょう》天皇」の略だが、その存在は奈良期の聖武天皇（上皇）をはじめ、平安前期の嵯峨上皇や十世紀初めの宇

多上皇など、少なからず知られている。

けれども、十一世紀後半の白河上皇から始まる「院政」と異なるのは、執政権の有無にあった。現実の政治権力の掌握者を「治天」と称するが、その「治天」たる立場が天皇である場合は「親政」となるし、天皇の父たる上皇が政治を主導する場合は「院政」という形態となる。この点も何度かふれたところだ。

ついでながら、院政というシステムの最盛期は、白河―鳥羽両院に続く後白河―後鳥羽両院の時代がそれにあたるが、承久の乱で終焉《しゅうえん》をむかえたわけではない。その後の江戸期まで何人もの上皇が院政を敷く。それなりに存続に値したからに他ならない。

鎌倉末期に後醍醐天皇は「院政」を是とせず「親政」へと舵《かじ》を切ったが、それこそが宋学（朱子学）を標榜した理想主義の反映だった。天皇による治天の遂行、さらに公武の〝二人三脚〟体制からの脱却である。かつては大覚寺統・持明院統ともに、「治天ノ君」たる上皇（院）を据えていたことからすれば、大きな変更といえる。

後醍醐は皇統の一元化「元弘一統」を達成したが、建武体制は実質二年で頓挫する。けれども、「親政」主義は、結局は吉野の南朝政権へと受け継がれることになった。南北朝の対立を「治天」論で整理すれば、「院政」を是とする京都北朝側（持明院統）と、これを否として、親政にこだわる吉野南朝側（大覚寺統）という対比が可能となる。

武家（幕府）との連携という点では後深草以来、持明院統側に与《くみ》し易さがあったことも事実だ。〝吉野〟という記憶のネバリは、その後の南朝の非妥協志向を助長させた。後醍醐以後、その皇子・後村上《ごむらかみ》天皇（在位：一三三九〜一三六八）の段階には、武家側の内紛（観応《かんのう》の擾乱《じょうらん》）もあって、京都進攻・占拠が短期間であったが実現した。だが、公家一統志向は、選択されるところとはならず、時代は最終的に武家（足利氏）との合体を選ぶこととなる。

＊かつては近代から戦後の一時期、「建武の中興」の語が使用された。そこには当然、歴史観なり歴史認識が伏在していた。「中興」の語感は、中断されていた王政（天皇政治）を復興させたとの理解が前提となっている。つまり、明治維新以降に顕著となる用語だった。王政復古の理念を是として、徳川の武家を打倒し登場した明治の王政復古から過去を考えた場合、建武の政治は〝中興〟と意識されることになる。したがって〝中興〟なる用語には、ある一定の歴史的経過のなかで、過去をどう見るのかという発想が宿されていたことになる。

＊＊「院政」を是とする立場は、旧守的慣例とは別に、「院か天皇か」という二つの権威・権力の磁場が王権内部に併存することにより、天皇一元化にともなう権力集中システムよりも、はるかに危機を分散させる点で、政治理念のみからではなく、現実には人事システムの面からも有効だった。「院・天皇」という併存的ゾーンは、人事・官職をふくむ貴族内部での権力的総和の大きさにも繋がったからだ。比喩的にいえば、

各官職の〝パイ〟が大きくなる故に、その利益の再配分が可能になるということだ。後醍醐的な理想追求型の「新儀《しんぎ》」による混乱は、当の公家世界内部にも負の要素を蓄積させた。

＊＊＊　南朝軍（南軍）が京都占領をなしたのは、観応の擾乱も含め四度ほどあった。①正平《しょうへい》六／観応二（一三五一）年十月（尊氏《たかうじ》・義詮《よしあきら》の南朝帰順）。②正平八／文和《ぶんな》二（一三五三）年六月（足利直冬《ただふゆ》の帰順にともなう動き）。③正平十／文和四（一三五五）年一月。④正平十六／康安《こうあん》元（一三六一）年の都合四回、いずれも南軍側は短期的占領であり、将軍側すなわち足利勢が一時的退京後に京都を奪回している。その背景については佐藤進一《さとうしんいち》『日本の中世国家』（前掲）参照。

南朝天皇たちのそれぞれ――「名」を重視

まずは吉野を拠点とした後醍醐以降の流れを簡略にスケッチしておこう。*王威再生への熱量からすれば、後村上天皇には並々ならぬ意欲があった。南朝の栄光と衰退は、この天皇に集約されている。年代記風にいえば、後村上天皇は後醍醐の第七皇子（初名憲良《のりよし》、のち義良《のりよし》）として、嘉《か》暦《りゃく》三（一三二八）年に誕生。母は三条系藤原氏の流れをくむ阿野廉子《あのれんし》（新待賢門院《しんたいけんもんいん》）。幼少期の元弘三（一三三三）年、建武体制下にあって陸奥守《むつのかみ》・北畠顕家《きたばたけあきいえ》とともに、多賀《たが》の将軍府に赴いた。その後、足利尊氏を追撃して、顕家とともに西上する。義良親王時代の延元《えんげん》三／建武五（一三三八）年五月、二回目の西上での戦いで顕家が戦死、その後、吉野に戻る。

南朝再建にむけて北畠親房《ちかふさ》・顕信《あきのぶ》（顕家の弟）父子と、伊勢から陸奥に下向する。しかし海上で船団が暴風に遭い四散、再び吉野に帰還を果たした義良は、後醍醐没後の延元四／暦応《りゃくおう》二（一三三九）年に天皇として即位する。以来、在位三十年、吉野方面にあって武闘派の天皇として、精力的に行動した。その間、鎮西《ちんぜい》（九州）で活動する弟の懐良《かねよし》親王、あるいは東国で活動する兄の宗良《むねよし》親王に支援を展開、〝闘う天皇〟の立場で吉野復興に尽力した（**巻末系図Ⅶ**）。

足利側での内訌《ないこう》が激化するなか正平《しょうへい》六／観応二（一三五一）年、尊氏・義詮らの南朝側への帰順もあり、京都奪還が実現。後村上天皇は、京都占領後、北朝側の光厳・光明《こうみょう》・崇光《すこう》の三上皇と直仁《なおひと》親王を吉野の賀名生《あのう》へと迎え取り北朝の元号「観応」を廃し「正平」に統一、北朝から神器を受け取った。翌年自らも男山八幡《おとこやまはちまん》に出陣したが、またも足利側の反撃を受け、京都占領も短期で終わることになる。

後村上によるこの「正平一統」は、父・後醍醐の「元弘一統」とともに、王威再生の一階梯《かいてい》を語るものだった。

正平一統の後、後村上天皇は賀名生から河内金剛寺《かわちこんごうじ》へと拠点を移しつつ抵抗を続ける。正平段階の末年（一三六七）には武家側（義詮）との和議成立の気運も成熟したが、光厳、後醍醐の両者が没したこともあり、合一は不調和に終わった。

後村上天皇以降の吉野側は衰退に向かい、皇子で次代の長慶《ちょうけい》天皇もまた〝回天《かいてん》〟の志を保持したが、劣勢の回復は難しく吉野側の有力武将・楠木正儀《くすのきまさのり》の幕府帰順もあって、苦境に立たされる。正義は吉野勢を代表して両朝合体に尽力するが、吉野側の北朝降参主義への拘《こだわ》りで孤立することになる。

劣勢のうちに推移した南朝側は、南朝最後の天皇・後亀山《ごかめやま》（在位：一三八三〜一三九二）で終焉をむかえる。

後亀山天皇は、長慶天皇の同母弟で父・後村上天皇の遺志を受け継いだが、往時の威勢はなく、三代将軍・足利義満《よしみつ》の意向で、両朝合一の実現がなされる。元中《げんちゅう》九／明徳《めいとく》三（一三九二）年のことだ。

提示された諸条件の眼目は、①北朝・後小松《ごこまつ》天皇への神器の授与、②大覚寺・持明院両統の迭立方針――の二つとされる。優位にあった武家側は、吉野側が拘る名分論思考は許容したものの、現実的には②の両統迭立には消極的だったとされる。かくして後亀山天皇は神器を奉じ吉野を出発、京都大覚寺に入り、後小松天皇に神器を譲り渡すことになる。

ここに、建武体制ののち五十七年にわたった南北両朝の対立に終止符が打たれる。ただし、吉野の記憶は、以後も南朝の正統性への〝依《よ》り代《しろ》〟として作用する。武家の内部での対立・対抗のたびに、抗心の記憶として呼び出されることとなる〈拙著『その後の鎌倉』〈前掲〉、新田一郎《にったいちろう》『日本の歴史11　太平記の時代』〈講談社、二〇〇一／のち講談社学術文庫〉〉。

＊　南北朝期の来歴については、古くは田中義成《たなかよしなり》の名著『南北朝時代史』（明治書院、一九二二／のち講談社学術文庫）がある。戦後は佐藤進一『日本の中世国家』（前掲）、さらに村田正志《むらたまさし》『南北朝史論』（中央公論社、一九四九）あるいは入手容易なものとして、森茂暁《もりしげあき》『皇子たちの南北朝』（中公新書、一九九八／のち中公文庫）などの一連の研究、さらに最近では新田一郎『日本の歴史11　太平記の時代』（前掲）、佐伯智広『皇位継承の中世史』（前掲）なども参照のこと。

北朝天皇たちのそれぞれ――「実」を重視

北朝初代の光厳天皇（量仁）は、後伏見天皇の第一皇子（母は西園寺寧子《さいおんじねいし》〈広義門院《こうぎもんいん》、父・公衡《きんひら》〉）で、祖父・伏見上皇の意向で叔父・花園天皇（後伏見の弟）の猶子とされた。後醍醐の挙兵が失敗に終わった後、量仁親王が践祚、その翌年（一三三二）に正慶《しょうきょう》と改元される（ここでは以下、北朝の元号を記して流れを押さえる）。翌年の北条氏の滅亡後、後醍醐が隠岐から帰京すると、光厳天皇の正慶年号は廃された。その後、後醍醐の建武体制から背反した尊氏は、光厳上皇に同母弟の豊仁《とよひと》親王（光明天皇）の践祚と院政を要請する。

一方、京都を脱して吉野入りした後醍醐天皇は、京都の足利側が擁立した北朝と対立する状況となった。京都の光厳上皇は十五年にわたり院政を行い、観応年間にまでおよんだ。

光厳院（上皇）は貞和《じょうわ》四（一三四八）年には第一皇子・興仁《おきひと》親王（崇光天皇）を即位させ、直仁親王（実父は花園天皇〈光厳の叔父〉）を皇太子とした。だが観応擾乱期の、吉野側の京都占領（尊氏が後村上に降伏）にともない、観応二（一三五一）年十一月に崇光天皇・皇太子直仁の廃位が決せられ、翌年六月には、後村上天皇により光厳・光明・崇光の三上皇と直仁が賀名生へと移される。三上皇たち*の南朝勢力による誘引にともない、京都では足利義詮が光厳上皇の生母・広義門院に懇請、女院の令旨《りょうじ》で、上皇の皇子（弥仁《いやひと》親王・後光厳天皇）を皇位につけた。

その後光厳は十五歳で即位、戦乱の関係で幾度も退京を余儀なくされた天皇として知られる。二十年後の応安《おうあん》四（一三七一）年に緒仁《おひと》親王（後円融《ごえんゆう》天皇）へと譲位する。**巻末系図Ⅶ**を参じていただくと、北朝の持明院統は二つに分流していることが理解できるはずだ。正嫡《せいちゃく》とされた崇光上皇は、子息・栄仁《よしひと》親王の即位を望んでいたが、光厳の意思が重視された。南軍側の京都占領により余儀なくされた空位解決のため、窮余のなかで後光厳が即位した関係もあり、崇光側の要望とはいえ幕府の反対もあって、その実現は難しかった。

皇統は後小松天皇の南北朝合一後に、皇子の実仁《みひと》親王（称光《しょうこう》天皇）に譲位される。その称光は子息なきまま病没、かくして崇光側へと皇統が移り、崇光上皇の曽孫《そうそん》・彦仁《ひこひと》親王（後花園天皇）が即位することとなる。後花園は貞成《さだふさ》親王の第一子とされる。「伏見宮《ふしみのみや》」貞成親王の著『椿葉記《ちんようき》』（『正統興廃記』）には、崇光院流の盛衰が記されている。

この後花園天皇は文武両道に秀でて在位は三十七年間の長きにわたり、譲位後は自ら院政を敷いた。その間、永享《えいきょう》の乱（一四三九）・嘉吉《かきつ》の乱（一四四一）、そして応仁《おうにん》の乱（一四六七）を体験することになる。

＊　賀名生から光厳院一行は文和三（一三五四）年には河内金剛寺に移された。光明上皇は翌年に京都に戻され光厳院、崇光院もその二年後に戻った。吉野在留中に出家した光厳院は、法名を勝光智と号し、出家の身として再び吉野に赴いたことが、『太平記』にも詳しく見えている。

2　武威の彫磨―其の二

鎌倉陥落――「関東誅伐ノ事」

元弘三／正慶《しょうけい》二（一三三三）年五月、鎌倉は陥落した。一五〇年にわたる武家の都は、新田《にった》・足利両勢力との攻防で終焉をむかえる。『太平記』（巻十）や『梅松論《ばいしょうろん》』には、その様子が活写されている。鎌倉攻略軍のルートは二つに分けられる。一つは丘陵・山間からの進入路であり、二つは稲村《いなむら》ケ崎《さき》方面の海岸からのものだ。ともに西方からの進攻だった。上野《こうずけ》国で挙兵した御家人・新田義貞《よしさだ》の攻略軍は、鎌倉道（後世の鎌倉街道の「上ノ道」）を上野方面から南下した。武蔵国の小《こ》手指《てさし》（現・埼玉県所沢市）や分倍河原《ぶばいがわら》（現・東京都府中市）で鎌倉側の軍勢を撃破しつつ、五月十八日から二十二

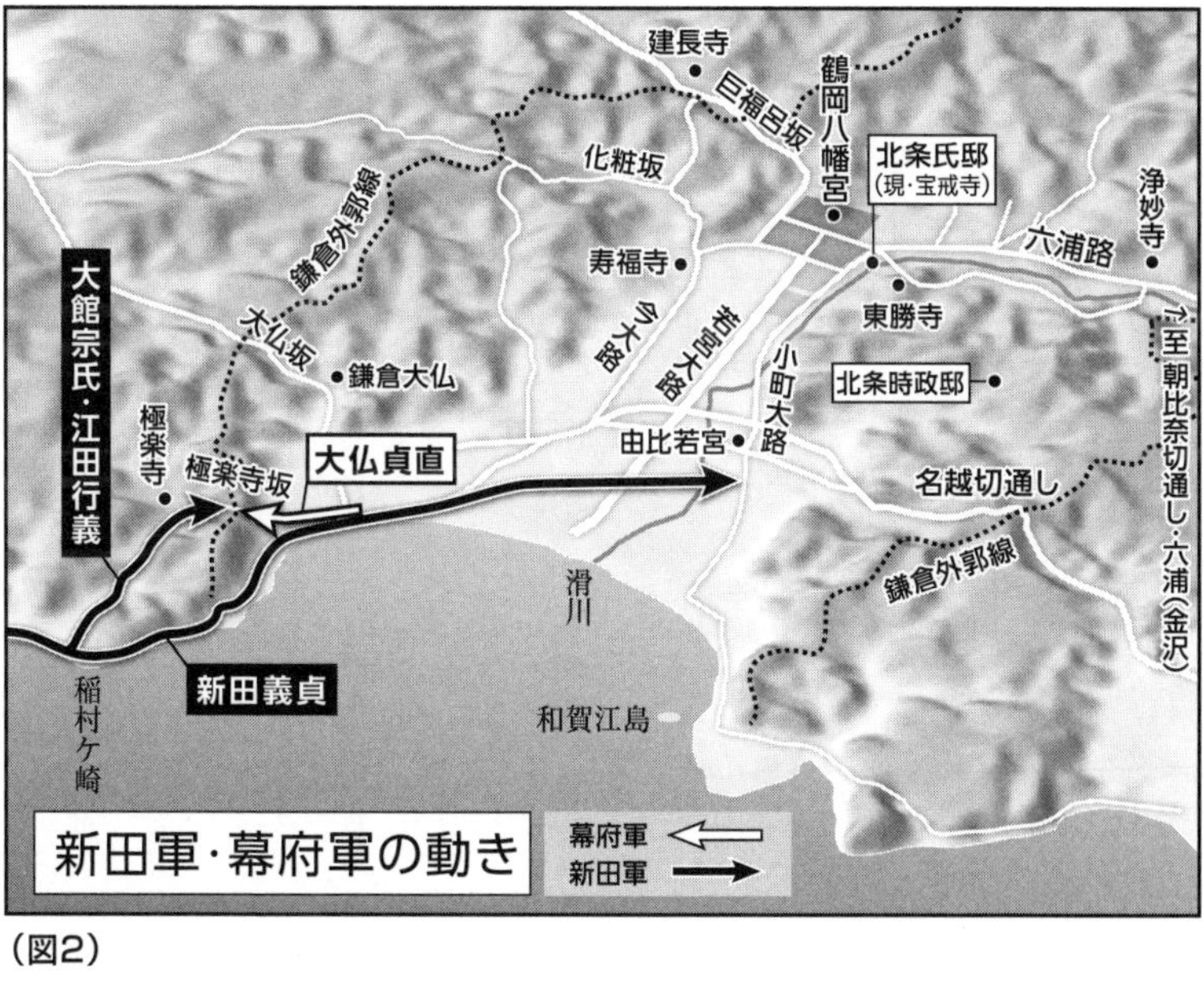

（図2）

【元弘・建武の乱 関係年表】（表3）

※和暦は左が南朝、右が北朝の元号

元弘元	元徳3	1331	4月	後醍醐の倒幕計画が露見
			10月	後醍醐、帝位を廃され隠岐に配流。北朝の量仁親王（光厳天皇）、践祚
元弘2	正慶元	1332		楠木正成など南朝諸将の挙兵
元弘3	正慶2	1333	5月	六波羅探題、鎌倉幕府滅亡。後醍醐天皇、光厳天皇（持明院統）を廃位し、元号を元弘に統一（元弘一統）
			6月	後醍醐天皇帰京。足利尊氏、鎮守府将軍に就任。護良親王が征夷大将軍に就任
			7月	諸国平均安堵法公布
			10月	北畠顕家、義良親王を奉じ陸奥下向（陸奥将軍府）
			12月	足利直義、成良親王を奉じ鎌倉下向（鎌倉将軍府）
元弘4	正慶3	1334	1月	大内裏造営計画
建武元			10月	後醍醐・尊氏と対立した護良親王、皇位簒奪を企てたとして逮捕
			11月	護良親王、鎌倉へ送られる
建武2		1335	7月	北条時行、信濃挙兵（中先代の乱）。直義、出陣するも敗走
			8月	尊氏、時行討伐のため東下。鎌倉奪回
			11月	勅命に反した尊氏追討のため新田義貞が東下
			12月	箱根竹ノ下合戦（新田軍敗走）。北畠顕家、義良親王の奥州軍、出陣（第1回）
延元元	建武3	1336	1月	足利軍入京。義貞・顕家軍、尊氏軍と戦い勝利
			2月	尊氏・直義、鎮西（九州）に敗走
			3月	奥州軍、陸奥に帰る
			4月	尊氏軍、博多出立、東上
			5月	摂津・湊川合戦で楠木正成戦死
			6月	尊氏、光厳上皇を奉じ入京
			8月	豊仁親王（光明天皇／持明院統）践祚
			10月	義貞、恒良・尊良親王を奉じ北陸へ
			11月	尊氏との和議が成立した後醍醐、光明に神器授与。『建武式目』の制定
			12月	後醍醐、吉野に政権樹立（南北朝分立）

日にかけて鎌倉に進攻、陥落させた。『太平記』の語る、北条高時《たかとき》らが一族や家人《けにん》とともに東勝寺《とうしょうじ》で自刃《じん》する場面は圧巻である。

「平家九代ノ繁昌一時《いちじ》ニ滅亡シテ、源氏多年ノ蟄《ちっ》懐《かい》一朝ニ開《ひらく》ル事ヲ得タリ」

との語りは、多分に作者の感慨とはいえ、源平交替史観とおぼしき視点も伝わる。平氏にルーツを有した鎌倉北条氏にかわり、源氏の新田義貞以下が力を得たとの考えだ。だが、この新田勢の華々しい活躍とは別に、もう一方の主役もいた。同じく源氏の足利一族だ。ともどもが義国《よしくに》流の源氏に属した北関東（上野・下野《しもつけ》）の武士団で、鎌倉の幕府内にも影響を与えた。高氏《たかうじ》（尊氏）に繋がる足利一門は、北条嫡流家との婚姻関係を有し、官職的にも有力御家人の最右翼に位置した。その点では足利氏が北条氏にかわるべき可能性はあった。

足利尊氏が京都の六波羅《ろくはら》攻略を主導した一方で、その名代たる千寿王《せんじゅ》（義詮）は新田軍とともに、鎌倉入りを果たした。当該期、尊氏は反幕勢力鎮圧のため畿内に派遣されていた。嫡子・千寿王は人質として鎌倉に留め置かれたが、尊氏の京都攻略に先立ち、鎌倉を脱し義貞軍と合流していた。『梅松論』は以下のように語っている。

サテモ関東誅伐《ちゅうばつ》ノ事ハ、義貞朝臣、其功ヲ成ストコロニ、イカガ有ケン、義詮ノ御所四歳ノ御時大将トシテ御輿《こし》ニ入サレテ、義貞ト御同道有テ、関東御退治以後ハ、二階堂《にかいどう》ノ別当坊ニ御座《ござ》アリシ。諸侍悉《ことごと》ク四歳ノ若君ニ属シ奉リシコソ目出《めでた》ケレ。

（関東討伐は新田義貞が武功を独り占めする状況だったが、どうしたことか、足利側も四歳の義詮が高氏の名代として輿に乗って、新田軍として参加し、鎌倉陥落後は二階堂を拠点としたため多くの武士たちは義詮に参入するところとなった）

ここには、新田氏とともに自己の存在を主張する足利氏の動向が、千寿王を介して語られている。京都の尊氏は、鎌倉陥落に向けて細川和氏《ほそかわかずうじ》・頼春《よりはる》以下の一門を、千寿王保護のために派遣、鎌倉でのその後の布石を施している点に注目したい。かくして鎌倉殿は、源家三代をへて、北条から足利氏へと移行する。「三《み》ツ鱗《うろこ》」（北条）から「二《ふた》ツ引両《ひきりょう》」（足利）への流れということになる。

それでは武威の拠点、鎌倉は足利氏をむかえることで、どのように変貌を遂げるのか。まずは建武体制下での鎌倉の動向だ。鎌倉陥落から数カ月後、重要な政策が出された。鎌倉将軍府の設置だ。後醍醐主導の陸奥将軍府に遅れることわずかの差で、鎌倉再生に向けて、武家側により主導された機関とされる。後醍醐が示した「元弘一統」の政治理念を前提としつつ、〝武家か天皇か〟の選択が、潜在的にここでも見られた。

足利側はこの鎌倉将軍府を足場に自らの方向を演出していった。元弘三／正慶二（一三三三）年十二月、成良《なりよし》親王を戴く相模守《さがみのかみ》・足利直義《ただよし》が鎌倉に下向する。

建武体制と二つの将軍府

表3は鎌倉陥落から、建武三（一三三六）年に至る流れを整理したものである。南北朝の前史を略述したもので、そこには建武体制下での武家側と天皇側の政策論の対抗を看取できる。「将軍府」云々の呼称は、後世の『武家名目抄《ぶけみょうもくしょう》』で一般化したものだが、二つの将軍府（「陸奥将

軍府」「鎌倉将軍府」）の存在は、建武政権内での両勢力の〝同床異夢〟を語っている。

そもそも将軍府とはなにか。要は幕府のことだ。奥州なり鎌倉といった、東国方面にそれらが設けられた意味とはなにか、である。将軍府の首長は、いずれも後醍醐天皇の分身たる義良親王（陸奥将軍府）と成良親王（鎌倉将軍府）だった。前者は陸奥守として北畠顕家が、後者には相模守として足利直義が任ぜられた。陸奥将軍府の設置は元弘三／正慶二年十月、そして鎌倉将軍府は十二月のことだった。

そもそも二つの将軍府設置のタイムラグは、新政権内部での確執が作用したとされる。『太平記』『梅松論』あるいは『神皇正統記』あたりから推測すれば、陸奥将軍府の設置は、後醍醐天皇の第三皇子・護良《もりよし》親王の発案にかかるとする。護良親王の討幕運動は、右の諸史料以外に『増鏡』でもふれられている。

陸奥を拠点に、小幕府とおぼしき将軍府を設置する構想については、『保暦間記《ほうりやくかんき》』の叙述が参考となる。「東国ノ武士、多ハ出羽《でわ》・陸奥ヲ領シテ、其力モアリ、コレヲ取放《とりはな》サント議シテ」とあり、護良親王は東国武士団の解体を策したとされる。文治の奥州合戦の武功で東国武士は、多大の所領を奥羽方面に領有していた。陸奥・出羽の両国は、かつての奥州藤原氏が圧倒的影響力を有した地域だった。

謀反の政権から出発した鎌倉の権力は、自己の版図拡大のため、奥州勢力との戦争を遂行、奥羽を従属させた。結果として、奥羽には関東武士たちが入部した（拙著『奥羽武士団』〈吉川弘文館、二〇二二〉）。このことを前提とすれば、『保暦間記』が指摘する「取放サント議シテ」とは、関東武士支配を分断することで、東北方面を直接・間接に掌握する策を弄《ろう》したことになる。関東武士団の拠点たる鎌倉の求心力を排するために、東北に楔《くさび》を打ち込む算段といえる。多賀国府を拠点とした陸奥将軍府には、そうした建武政権の構想が凝縮されている。

公武合体の地方版モデルの典型と解することもできる。義良親王を戴き、陸奥守（北畠顕家）が補翼《ほよく》するシステムだった。多賀城を拠点に貴種を配し、奥羽全域の武士たちをその傘下に結集させることで、関東を牽制《けんせい》させようとした。そしてより重要なことは、東北にはそれを実現し得る条件が宿されていた点だ。一つは政治的条件である。関東武士団入部より前の奥羽の在地《ざいち》勢力は、潜在的に鎌倉幕府と対抗・対立の関係にあった。数としては多くはないが、鎌倉からの関東武士団入部で憂き目を見た勢力にとっての、建武新政権への期待である。そして二つは社会的条件だ。関東武士団の内部でも建武新体制は期待であり、それは、鎌倉期を通じて奥羽に入部した地域領主のうち庶子《しょし》家が圧倒的多数だったことに理由がある。結果、鎌倉中期以降、惣領《そうりょう》（本家）と庶子家の対抗・対立が進展した。* いわば惣庶の内在的対抗という、社会的関係が伏在していたといえる。

建武体制は、朝廷（公家）による武家の包摂体制を理念とした。親王を将軍とする点は、鎌倉後期の「親王将軍」の先例に倣ったものだが、陸奥将軍府はそれをより徹底したものだった。既述のように「将軍府」とは「幕府」に他ならない。「中央政府が認定した出先の軍事機関」が幕府の原義である以上、陸奥将軍府はまさに建武政権が標榜した、公武一体の権力機関の象徴でもあった。戦略上においても京都との連携を一義として、関東を監視する——ここに主眼があった。発足直後の建武政府は、公武合体の理念を実現するために、地勢的にも東北を重視することで旧鎌倉体制の拠点たる関東の無力化を企図したのだ。

＊ 例えば、白河結城氏《しらかわゆうきし》の存在はそれを象徴する。建武体制に積極的に参画した奥州の結城氏の流祖は、秀郷《ひでさと》流藤原氏だ。下総《しもうさ》結城郡を基盤とした朝光《ともみつ》から始まる。奥州合戦の武功で奥州白河の地に所領を与えられ、庶子家が白河結城氏を継承した。鎌倉末期以降、惣庶の対抗・対立関係は結城氏の場合も同様で、後醍醐天皇は、白河結城氏の宗広《むねひろ》や親光《ちかみつ》の忠節を是として、これを惣領家として認定した。このことから、南北朝期に至っても白河結城氏の吉野側への参陣が続くことになる。

鎌倉将軍府という構想

そしてこの流れとは別に、もう一つの将軍府——鎌倉将軍府——があった。こちらは実質上は天皇主導ではなく、武家（足利側）による対抗措置として登場したものだ。鎌倉派と目される足利直義の意向が反映されていた。前述の陸奥将軍府の設立から遅れること約二カ月、同年の末にはその誕生をみる。

北条体制の打倒に寄与した足利氏の力は大きく、後醍醐による建武の新政府も同氏を掌中に据え、新体制を構築することとなった。新政府発足当初より、この足利尊氏を敵視する武闘派の護良親王との対立は根深かった。陸奥将軍府設置がその護良サイドからの発案だとすれば、そこでの青写真は建武体制の究極の理想の姿だった。

元弘三／正慶二（一三三三）年、秋〜冬にかけて武家側からの巻き返しが進展する。鎌倉将軍府の設置は、護良親王の、関東を東北から牽制したいという戦略構想への対抗であり、鎌倉の伝統的磁場を復活させる〝鎌倉回帰〟の方向だった。陸奥将軍府と同様、形式上のトップには親王（成良）を戴きつつも、これを補翼する立場に武家の直義が就任した。陸奥守・北畠顕家と対峙《たいじ》する相模守・足利直義の存在は、建前上は親王を据えて、国司《こくし》が実務を担うという建武体制の方向だった。その限りでは後醍醐の政治理想（律令的国司システムの再現による地方統治）の反映でもあった。けれども内実は異なっていた。いわば鎌倉将軍府の誕生は、足利側が権力基盤を確立するための、〝換骨奪胎〟策だった。

尊氏は「元弘一統」後の同年六月、鎮守府《ちんじゅふ》将軍に任ぜられ、翌月の恩賞授与で北条氏旧領の陸奥外ケ浜《そとはま》・糠部《ぬかのぶ》郡をはじめ賀美《かみ》郡・志波《しわ》郡方面に所領を給与された。足利氏も奥州進出の足場が確保されていた。加えて尊氏自身は武蔵守、弟・直義は相模守に就任、鎌倉北条氏が手中にしていた官職を継承する。

鎌倉将軍府は武家の拠点を再起動させるうえで、大きな役割を担うことになる。後醍醐天皇の新政府にとって、陸奥将軍府構想を逆手に取られた形で登場したのが、鎌倉将軍府だった。後醍醐の政策構想は、成良親王を戴くという一点が装われただけで、実質は直義主導の機関であった。

新政府にとっては、武家という〝異物〟の体内除去が理想とされ、それを鮮明に打ち出す護良親王と武家の対決は不可避であった。自らが征夷大将軍に就任することで、護良親王は武家を統制下に置こうとした。文字通り「公武水火《すいか》ノ争ヒ」の形容が該当した（『梅松論』）。護良は翌年にクーデターが露見（讒言《ざんげん》とも）。十月に逮捕され、その身柄は天皇容認のもと足利側に預けられ、鎌倉へと護送される。後醍醐天皇にとっては、自己の分身を切断することで、足利との協調を選択することとなった。

新旧武家勢力のせめぎ合い――中先代の乱

元弘三／正慶二年五月の幕府終焉《しゅうえん》後、鎌倉の地は再生に向けて始動――同年末に二階堂の地に開府した将軍府は、直義を中軸に二人の幼少の主《あるじ》を戴いた。後醍醐の第六皇子・成良親王で

（図3）

あり、尊氏の嫡子・千寿王（義詮）である。表面上は京都の政府の意向を代弁した形だったが、直義が諸権限を掌握した。＊新政権発足から間もない当該期、足利は武家としての自己を封印した。その点では、陸奥将軍府と平仄《ひょうそく》を合わせ、建武体制の一環に位置づけられた。

その状況に変化がもたらされた契機は、建武二（一三三五）年七月の中先代《なかせんだい》の乱（北条氏を先代、足利氏を後代として、その中間の意味で『梅松論』はそう呼称した）だった。新政権発足わずか二年にして、鎌倉は再び危機に見舞われた。北条高時の遺子・時行《ときゆき》が信濃《しなの》で挙兵、旧北条勢力が鎌倉奪還を試みたこの闘諍《とうじょう》事件は、旧得宗被官《ひかん》の諏訪《すわ》氏に擁せられた幼主・時行が北条復権を企てたものだ。時行軍は信濃・武《む》蔵《さし》をへて鎌倉を目指した。**

将軍府の直義勢はそれを迎撃すべく、井出沢《いでのさわ》（現・東京都町田市《まちだ》）方面に千寿王・成良親王をともない出陣するが敗走、足利一門の分国三河《みかわ》へと向かう。ただ、ここからの直義の決断は早かった。成良を京都に帰還させ、兄・尊氏の来援を待つ選択をなした。指摘されているように、成良の京都送還は、直義側による建武体制からの離脱の表明に繋がった。直義の行動は明らかに中先代の乱を契機とする武家の自己主張だった。これによって、武家内部は新旧二つの力が混在することになる。武士たちにとっては〝先代たる北条に加担するか〟〝後代の足利に与《くみ》するか〟の選択を強いられる闘いとなった。元弘の乱では、天皇を選んだことで建武体制がスタートした。が、その二年後、関東は武家同士が鎌倉の地をめぐり、攻防する展開となった。

この建武二年、かかる情勢下での尊氏の三河下向は、その後に大きく影響した。*** 形式的には尊氏は追討軍であり、鎌倉占拠の反抗勢力を、建武政府が尊氏を介し追討するという構図だ。京都からの尊氏の東国下向は朝廷の権威を背負っており、これに参陣した武士たちの恩賞への期待も高かった。このことが最終的に足利氏への結集をうながし、北条時行側の敗走に繋がった。

いずれにしても中先代の乱は、足利側に建武体制との決別を促すきっかけともなった。三河入りを果たした尊氏は直義と合流、北条時行勢を掃討する形で、鎌倉の奪回に成功する。同年八月のことだ。かくして鎌倉は再び足利側の手中に帰すことになる。それでは足利側が選択を強いられた次なるステージは、如何《いか》なる時点だったのか。

＊　直義は、一方で成良親王を擁する鎌倉将軍府の公的権力の執行者（執権）として、他方で千寿王を擁する一族・一門の代弁者という二つの面で、鎌倉を切り盛りした。その点では、鎌倉将軍府はその後に登場する鎌倉府（室町幕府の関東における政庁）の前身ともいえる（この点、新田一郎『太平記の時代』〈前掲〉参照）。直義は実質上〝鎌倉殿〟の立場で参陣した東国諸将に、所領安堵《あんど》・恩賞沙汰《さた》を実行した。

＊＊　時行は北条氏の再興を目指して挙兵し、鎌倉を一時的に奪ったが、二十日余りで再び退去を余儀なくされる。当該期、時行の叔父で高時の弟・泰家《やすいえ》（時興《ときおき》）は、京都の旧親幕派公卿・西園寺公宗《きんむね》の保護下にあり、これも加えての挙兵計画だったとされる。

＊＊＊　三河国は鎌倉時代以来、足利氏の家領が多く一門（一色《いっしき》・細川・吉良《きら》・今川《いまがわ》）諸氏が勢力を有し、兵站《へいたん》確保のうえでも地勢的・軍略的に重要だった。『太平記』では、建武政権の立役者の尊氏には武蔵・常陸・下総・駿河・伊豆が知行国《ちぎょうこく》として与えられ、直義には遠江が分与されたとある。尊氏・直義両人への知行国が東海道諸国に集中している点は、重視されるべきだろう。

建武体制からの離脱――逡巡と決断

建武二（一三三五）年の中先代の乱は鎌倉に危機をもたらし、結果として、それは足利一門の結束に繋がった。だがその結束を阻んだものもあった。尊氏の逡巡《しゅんじゅん》だった。尊氏の躊躇《ちゅうちょ》は、鎌倉入り後も続いた。新田義貞の東上軍により、その後の京都との〝手切れ〟への決断が促された。当然ながら、京都との関係性にあっては、新しい局面が生まれる。

もともと、尊氏と直義両者は京都政界への姿勢に温度差があった。『梅松論』も指摘するように、当初、尊氏は京都派と目され、後醍醐天皇との関係では従順だった。他方で鎌倉派の直義は、建武体制とは距離を保っていた。中先代の乱にさいして、直義が自らは三河に残留、成良親王を帰京させ、尊氏の来援を選択したことは、その表明だった。その後、尊氏・直義は鎌倉奪還を果たす。

その鎌倉にあって、両者の溝が生じる。鎌倉奪還後、京都帰還を果たそうとする尊氏と、これに反対する直義の意思が表面化するのである。『太平記』によれば、直義側は偽《いつわ》りの宣旨を用意するという策略を弄して、尊氏を翻意させたとあり、尊氏は勅命に反して鎌倉にとどまることを選ぶ。中先代の乱は、足利にとって雨降りと地固めに寄与することになった。

この建武二年は、七月の中先代を皮切りに、十一月には「尊氏謀反」に対し、京都から派遣された新田義貞の追討軍の東下がなされる。武家相互がその存立をかけて、戦闘を激化させた時期であった。この年は鎌倉の新たなる主となった足利一族にとって、武家内部のヘゲモニーの確立に向けて動いた段階といえる。武家全体にとっては、旧北条を代表する時行勢を選ぶか、あるいは天皇与党の新田勢を選ぶか、はたまた足利を選択するかという、内部での争いである。

とりわけ足利側については、その存立のために、天皇権力との清算が求められた。建武三（一三三六）年の後半は、武家の足利氏が建武体制からの離脱を打ち出すか否かの岐路だった。京都の建武政府もまた、武家たる足利か新田かの選択で揺れた。王権の〝安全弁〟としての武家を考えた場合、武士をコントロールできる点では足利が一日の長を有していた。その意味では、尊氏の関東下向で、建武政権は掌中《しょうちゅう》の玉《ぎょく》を失う結果となった。

残るカードの義貞を追討大将軍に任ずることで、王威の力を示すことが選択された。だが、現実には同年十二月の箱根竹ノ下《はこねたけのした》合戦で、再始動した尊氏の発奮により、義貞は敗北する。義貞側の敗因は、決戦を箱根という坂東の場で行わざるを得なかったことだ。新田・足利ともどもがホームグラウンドであった坂東には、かつての〝謀反の政権〟の記憶が宿されていた。

京都を背負った義貞軍に参ずることと、鎌倉を背負った尊氏に与すること――二つの武権の、いずれに与することが有利なのか。過去の栄光を宿す鎌倉において、足利に参じ〝これから〟のために戦うのか、新田に参陣し京都の〝いま〟のために戦うのか。これまた武士たちの選択だった。

この箱根竹ノ下合戦以後、建武体制は新たな年を迎える。戦闘に明け暮れる一年は、かくして始まろうとしていた。それは南北朝時代の幕開けでもあった。

武家の論理――恩賞沙汰権の行方

建武三（一三三六）年は、尊氏の入京に始まり、京都攻防戦の末の鎮西（九州）下向、尊氏のさらなる上洛、そして後醍醐の吉野入りと、目まぐるしい一年だった。このことを述べる前に、急ぎ恩賞沙汰（授与）権についてふれておく。尊氏の京都離反の決意を促した一つに、その恩賞問題が挙げられるからだ。

「此比、公家ヲ背奉ル人々其ノ数ヲシラズ……皆嘉悦ノ眉ヲ開テ御供申ケリ」とは、『梅松論』が伝えるもので、ここには建武政権への離反の風潮がうかがわれる。尊氏・直義両人の京都への対応の差は、すでにふれた。けれども、両人の武士たちへの恩賞授与に対する意思は共通した。武家側が掌握すべきとの主張だ。

一方、天皇側の主張は「元弘一統」の論理、すなわち「軍功ノ賞」についても、「綸旨《りんじ》（天皇の意思）ヲモテ宛行《あておこなわ》ルベキ」（『梅松論』）だとした。いわば建武政権が標榜する綸旨主義の考え方である。しかし武家の道理を掲げる尊氏・直義にとって、武家側への忠節の参陣である以上、武士の恩賞は足利の判断でなされるべきとの立場だった。それは武家社会で培われてきた論理（道理主義）でもあった。そこには京都（天皇・朝廷）側の綸旨主義と武家の道理主義の対抗があった。

そもそも武家とは武力を職能とした権門の呼称で、武士の個々を統括する役割を担っていた。その点では武家の使命の一つは、京都王朝と対峙しつつ、武家に結集する個々の武士たちの権益を保護することだった。武家が朝家との関係で公的に認知された幕府は、その限りでは武士たちの剥《む》き出しの暴力的欲望を統御する役割も担った。武家とは個々の武士にとって、敵とも味方ともなり得る存在だった。そこに〝健全なる野党〟としての武家の存在意義があった。武家はかくして自己の存在意義をかけて闘うことになった。道理主義と対峙する、綸旨主義に対してである。

かつての保元《ほうげん》の乱（一一五六）以後、「武者ノ世」への移行という流れで、時代は推移した。その背景をなすものが、権力の趨勢《すうせい》を決する個々の武士への期待だった。当初、反乱権力として登場した鎌倉の政権は、東国武士団の多くを結集させることで、幕府の地位を与えられた。「武士による武士のための政権」とは、詰まるところ〝不動産（所領）への不可侵性〟の標榜にあった。「命を懸けるに値する所領を侵《おか》されないこと」への信奉だ。誰が、それをどのような形式で認定するのか。その認定行為をなす者こそが、権力掌握者だった。

だが朝廷の論理は異なる。恩賞授与は、天皇を頂点とする公的な国家恩賞権の延長である——建武政権の恩賞に対する認識・姿勢はこれであった。追討命令による反乱勢力の打倒である以上、官軍としての勝利が前提とされる考え方である。

他方、尊氏の道理主義は恩賞授与の主体と、その後の保証を問題としたわけで、恩賞の権益授与の主体を武家とみる立場だ。そこでは尊氏との私的主従関係による軍勢動員が前提とされる。あくまで人格的・私的な主従による動員という捉え方を、天皇・朝廷側は問題とした。

その点では官軍たる新田軍の場合、鎌倉の尊氏追討にさいして、京都の磁場から離れれば効力は弱体化するはずで、その戦闘にあって新田軍が利を失ったことも肯《うなず》ける。多くの参戦した武士にとって、京都経由での間接的恩賞授与の不安よりも、鎌倉経由の尊氏による直接恩賞授与の信頼性に利があった。

「建武」の終焉——闘諍の一年をふり返る

一三三六年は二つの年号をもった。「建武」と「延元《えんげん》」である。前者は幕府滅亡後の京都政界のそれだ。そして、後者は「建武」体制の当事者たる後醍醐が、その正統性を吉野から発信した年号である。同年末、神器を奉じる後醍醐の吉野側（南朝）は、足利が擁する京都（北朝）と対峙、歴史の転換点をむかえることになる。そして武家にとっても、この年は自己の武権確立の節目だった。大雑把《おおざっぱ》に出来事を年表風に整理すると次のようになろうか。春から冬までを時系列でながめておく。

①建武三年春——義貞を追撃した足利軍、それを追う奥州軍、北畠顕家の三者が東海道から京

【中先代～南北朝初期　関係年表】（表４）※和暦は左が南朝、右が北朝の元号

建武2		1335	7月	北条時行、信濃挙兵（中先代の乱）
			8月	足利尊氏、東国に下向し、鎌倉奪回
			11月	勅命に反した尊氏・直義の官位剥奪
			12月	足利軍、新田軍を箱根で迎撃（箱根竹ノ下合戦） 北畠顕家軍、奥州出発（第１回）
延元元	建武3	1336	1月	尊氏軍、上洛。その後、後醍醐天皇は叡山に
			2月	西国戦線で新田義貞・北畠顕家軍に足利勢敗退、鎮西（九州）へ敗走
			3月	筑前・多々良浜合戦で尊氏・直義軍勝利
			4月	尊氏、東上
			5月	摂津・湊川合戦で尊氏・直義軍勝利（楠木正成敗死）
			6月	尊氏、光厳上皇（持明院統）を奉じ入京
			8月	豊仁親王（光明天皇／持明院統）践祚
			9月	後醍醐天皇、懐良親王を征西将軍に任命し、鎮西へ派遣
			10月	新田義貞、恒良・尊良親王を奉じ北陸へ
			11月	尊氏との和議が成立した後醍醐、光明に神器授与。『建武式目』制定
			12月	後醍醐、吉野へ（南北朝分立）
延元２	建武4	1337	3月	越前・金ヶ崎城陥落
			8月	北畠顕家軍、奥州出発（第２回）
延元３	暦応元	1338	5月	顕家、和泉・石津合戦で敗死
			閏７月	義貞、越前・藤島合戦で敗死
			8月	尊氏、征夷大将軍就任
延元４	暦応２	1339	8月	後醍醐が没し、義良親王（後村上天皇）即位

都を舞台に展開する時期。叡《えい》山《ざん》に逃れた後醍醐側を囲んだ足利側も、奥州軍の来援のなかで、山陽方面へと後退。海路、鎮西（九州）へと撤退を余儀なくされる段階といえる。

②

同年夏――鎮西での勢力回復後、足利側が四月に博多《はかた》を出立、再上洛に向けて東上する。翌五月には摂津《せっつ》・湊川《みなとがわ》合戦で楠木・新田軍を撃破、後醍醐は危機回避のため、再び叡山に難を避ける。翌六月、光厳上皇を奉じた足利勢が入京、建武政権の有力諸将の一人である名和長年《なわながとし》も敗死する。

③同年秋——八月には光厳上皇の弟・豊仁《ゆたひと》親王（光明天皇）が践祚することで、持明院統へと皇統がうつる。その後、後醍醐は叡山にあって、九月には幼少の懐良親王を征西将軍に任命し、鎮西へと派遣。劣勢の挽回《ばんかい》が企図される。

④同年冬——後醍醐は新田義貞に恒良・尊良両親王の帯同を命じ、北陸方面へと派遣する。王威回復に向けて苦闘が始まる。やがて、尊氏との和議が成立、叡山より帰京した後醍醐は花《か》山院《ざんのいん》に隔離されるが、翌十一月に神器を光明に授ける。その五日後に、『建武式目《けんむしきもく》』が制せられ、武家体制樹立にむけての方向性が定着するが、翌十二月には尊氏との間に齟齬《そご》が生じ、後醍醐は吉野へと逃亡し南朝政権を樹立、南北朝分立の時代が始まる。

以上、武家および天皇の闘諍の一年間について、四つの段階で整理すれば、およそ右のようになろう。舞台は京都そして西国・鎮西ということになる。武家の足利にとって、文字通りの東奔西走の連続だった。

その間、武家側への正当性の証しは、持明院統の光厳上皇の存在だった。武家側は後醍醐側の〝親政〟志向を排し、〝院政〟復活を是認することで、自己の覇権の「正当」性を示した。武家は、持明院統という「正統」を持ち出すことで、建武体制と決別したのだ。

同年の冬十一月の『建武式目』は、その足利体制のスタートが集約されていた。「鎌倉か、京都か」――。武家の府の所在をめぐって、『式目』の冒頭には悩ましい選択が語られている。

「武家ノ吉土」――足利氏の選択

「所領」という土地への愛着は、武士において顕著だった。当然すぎることを指摘するのは、武家（幕府）の勢力の第二ステージともいうべき足利氏の権力を考えるためだ。足利氏は結果として京都に開府し、室町幕府と呼称される権力体をつくる。けれども、その出自たる名字の地は関東だ。鎌倉期以来、関東御家人《ごけにん》であった足利氏にとって、東国は自己の存立の基盤だった。

「鎌倉元ノゴトク柳営《りゅうえい》タルベキカ、他所タルベキヤ否ヤノ事」の著名な文言で始まる『建武式目』には、その足利氏の選択が語られている。政治権力の拠点をどこに置くかの選択だ。簡略にいえば、過去の因縁を重視するか否か。今後の政権運営にさいしての、権力基盤の拠《よ》り所《どころ》についての選択である。

鎌倉は武家政権の故地であり、その「吉土《きちど》」性に着目する立場である。この鎌倉派と目されるのが尊氏の弟・直義だった。そして当の尊氏は非鎌倉派、つまり京都派ということになる。建武体制への寄与とその解体に関与した尊氏にとって、「柳営」（幕府）は、京都との認識だった。建武体制の基盤たる京都を自己の膝下《しっか》に置くことで、王威の相対化が目論《もくろ》まれた。先例や故実にとらわれない、尊氏的状況主義の立場ともいえる。関東（鎌倉）への回帰をはかる直義は、ある意味では東国自立路線に近い。南北朝動乱の直前での『建武式目』に語られている政治理念は、尊氏・直義の個人を超えて、武家が有した権力の内実にも関係した。

その『建武式目』の冒頭を引用しておこう。

鎌倉元ノゴトク柳営タルベキカ、他所タルベキヤ否ヤノ事

右、漢家本朝《かんけほんちょう》、上古ノ儀遷移《せんい》コレ多ク、羅縷《らる》ニ遑《いとま》アラズ。季世《きせい》ニ迄《いた》リ、煩擾《はんじょう》アルニヨツテ、移徙《いし》容易ナラザルカ。ナカンヅク鎌倉郡ハ、文治《ぶんじ》ニ右幕下《うばっか》（頼朝）ハジメテ武館ヲ構ヘ、承久ニ義時朝臣天下ヲ幷呑《へいどん》ス。武家ニ於テハ、モツトモ吉土ト謂《い》フベキカ。（中略）タトヒ他所タリトイヘドモ、近代覆車《ふくしゃ》ノ轍《てつ》ヲ改メズバ、傾危《けいき》ナンノ疑ヒアルベケンヤ。（中略）シカラバ居処《きょしょ》ノ興廃《こうはい》ハ、政道ノ善悪ニヨルベシ。コレ人凶ハ宅凶ニアラザルノ謂ナリ。タダシ、諸人モシ遷移セント欲セバ、衆人ノ情《こころ》ニシタガフベキカ。

大意は以下のとおりだ。漢家（中国）・本朝（日本）は古来、政権拠所の変遷が多かったが、時代推移で拠所の移動は困難なること、鎌倉は文治年間（一一八五～一一九〇）に右大将家（頼

朝）がここに拠所を構え、承久の乱にさいし義時が「天下ヲ幷呑」しており、武家にとっては良縁の場たること、政治の拠点は他所に移ろうとも、政治への姿勢が大切であること、したがって拠所の繁栄は、政道の善悪によるのであり、人凶は宅凶に優先する（土地柄よりは統治者の意思が優先する）。いずれにせよ多くの人が政治の拠所の変更を求めるならば、その意向には従うべきこと、等々が指摘されている。

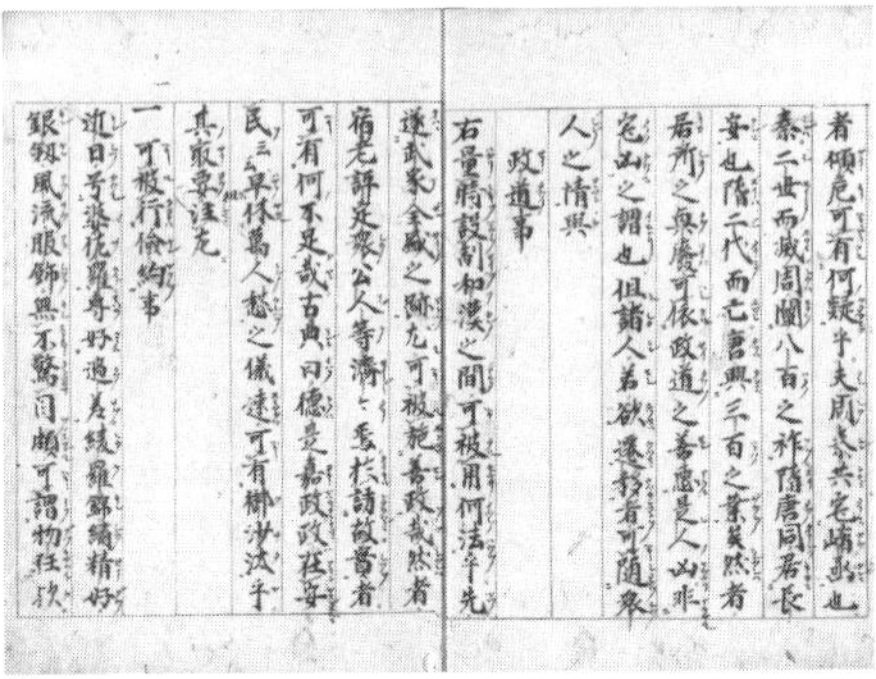
者傾危可有何疑乎、夫周秦共宅崤函也、
秦二世而滅、周歷八百之祚、隋唐同居長
安也、隋二代而亡、唐興三百之業、然者
居所之興廢、可依政道之善惡、是人凶非
宅凶之謂也、但諸人若欲遷移者、可隨衆
人之情歟

政道事
右量時設制、和漢之間、可被用何法乎、先
遂武家全盛之跡、尤可被施善政哉、然者
宿老評定衆公人等濟々焉、於訪故實者、
可有何不足哉、古典曰、德是嘉政、政在安
民云々、早休萬人愁之儀、速可有御沙汰乎、
其最要粗註左

一 可被行儉約事
近日號婆佐羅、專好過差、綾羅錦繍、精好
銀劔、風流服飾、無不驚目、頗可謂物狂歟、

『建武式目』（国立国会図書館蔵）

右の冒頭に続く「政道ノ事」以下、十七箇条にわたる式目の各条は、法的内容以前に道徳的訓戒の趣《おもむ》きが強い。それだけに総論部分に該当するこの〝柳営拠所論〟ともいうべき冒頭箇所には、足利氏の政策理念が垣間見られる。柳営所在地をめぐる来歴論の体裁をとりながら、最終的には「政道ノ善悪」こそが優先するとの見識を伝えようとしたところに眼目があった。

そのために直近の過去たる鎌倉の事例が提示された、と解すべきなのだろう。柳営論の真意は鎌倉拠所派との軋轢《あつれき》回避もふくまれていたともいわれる。「吉土」たる鎌倉への回帰を標榜する立場と他所すなわち京都を支持する立場の対抗も看取できるとの理解もある。両論併記的な叙述は、兄弟両者それぞれの思惑の反映と解することができる（『中世政治社会思想　上（日本思想大系新装版）』〈岩波書店、一九九四〉「解説」）。

武家の参照軸

いずれの立場を採るにしろ、重要なことは足利氏が継承した武家にとって、鎌倉は「武威」の記憶が宿された地と認識されたことだ。「辺鄙《へんぴ》」「野叟《やそう》」と解されたこの地は、十二世紀末の内乱後「吉士」へと変貌を果たし、京都と対峙するまでに至った。一世紀半にわたる鎌倉時代は終焉をむかえたが、「鎌倉の時代」は足利政権後も続く。鎌倉は武家の「吉士」として、『建武式目』での選択の対象となり得た。

そうした〝土地の記憶〟とは別に、〝人の記憶〟でも鎌倉は特筆される。前述したように「文治」の頼朝、そして「承久」の義時という両人の存在は、武家たる足利の参照軸だった。鎌倉に付着された〝人の記憶〟である。けれども足利の権力はその政治的拠点を京都とすることで、王朝の記憶とのすり合わせも問われた。『建武式目』作製にあずかった二階堂是円《にかいどうぜえん》以下の法曹官僚たちは、十七カ条に続いて後文を置き、武家たる足利氏が過去を鑑み、政権担当者たる行動の指針を明示する形で式目をまとめた。

その流れで拠るべき〝記憶の師〟として、「遠クハ延喜《えんぎ》・天暦《てんりゃく》両聖ノ徳化《とくか》ヲ訪《とぶら》ヒ、近クハ義時・泰時父子ノ行状《ぎょうじょう》ヲモツテ、近代ノ師トナス」との一文を掲げた。そこにあっては延喜・天暦の聖帝、すなわち醍醐・村上の両天皇の時代が、そして武家にあっては承久の義時・泰時父子という、公武二つの存在が「近代ノ師」と認識されていた。

王朝期の聖代を支える両天皇の「徳化」と、鎌倉期の執権たる二人の武人の「行状」、これである。『建武式目』の制定者たる足利尊氏・直義にとっても、それは共通するものだったのだろう。美辞麗句以上のものではない「徳化」なり「行状」にどのような中身を付与させるのかは、明確さを欠くにしても、十四世紀の南北朝をへて誕生する室町の体制には、右の『建武式目』の構想が反映されていた。

南北朝と『太平記』

『太平記』が語る「華夷闘諍《かい》」の語感には、京都王朝を「華」と見立て、武家を「夷」とみなす、文化レベルでの〝西高東低〟意識が反映されていた。それは『梅松論』が伝える「公武水火」思想の別表現とも通底する。『太平記』はむろん軍記ではあるが、史実をベースにしているという点では、十二世紀の内乱を主題とした『平家物語』と対比されることは明らかだろう。そこには南北朝の動乱がほぼ集約されている。むろん南北朝時代は半世紀以上にわたる。正確には後醍醐が吉野入りした延元元／建武三（一三三六）年末から、両朝が合一される元中《げんちゅう》九／明徳《めいとく》三（一三九二）年までである。けれども「華夷闘諍」が宿す歴史状況は、『太平記』の擱筆《かくひつ》する十四世紀後半の段階と解して、さしつかえあるまい。

当該期は内外にあって大きな転換点であった。内にあっては尊氏の両息（義詮と基氏《もとうじ》）の死去と、三代将軍・義満の登場があり、吉野南朝にあっては後村上天皇が没し、武家にとっても南朝側にとっても、画期をなした。

そして外にあっては、明《みん》王朝の建国が重なっていた。後醍醐天皇の治世に筆を起こし、「中夏無為ノ代《よ》ニ成テ、目出カリシ事共也」で筆を擱《お》いた意図は、なるほどと思わせる。「王威」云々でいえば、主役は後醍醐そして後村上の二代の天皇であろうし、また「武威」の世界では、尊氏さらに義詮父子の動向を指すことができる。

この間、舞台は京都・鎌倉をはじめ、奥州さらに鎮西・山陽・山陰・四国と列島日本、各地での戦いの諸相が、躍動感あふれる筆致で貫かれている。『太平記』が人口に膾炙《かいしゃ》しているように、同書は単なる軍記を超え、中世の公武の推移を俯瞰《ふかん》する〝物差し〟としても利用された。そしてその『太平記』が記す南北朝動乱の大局を整理しておくと、以下のように分けるのが妥当だろう。

［第一段階］『太平記』巻（一）から（二十一）まで。時間軸でいえば元弘・建武の乱から後醍醐天皇死去の十年弱の時期だ。元弘一統にともなう幕府滅亡―建武新政の実現―尊氏の反旗と新

政解体―後醍醐の吉野脱出と南朝諸将の抵抗と戦死―後醍醐天皇崩御に至る段階があった。

［第二段階］『太平記』巻（二十二）から（三十四）まで。時間軸でいえば二十数年間の時期だ。まず、吉野側（後村上天皇）による常陸方面での関東・東北計略とその失敗があった。さらにその後の四条畷《しじょうなわて》合戦を軸とする河内楠木《かわちくすのき》一族の抵抗と敗北があった。そして南朝勢力の衰退と、これにともなう足利一族の内紛（観応の擾乱＝一三五〇年代）があった。

［第三段階］『太平記』巻（三十三）から（四十）の最後まで。時間軸でいえば、一三五三年以降の文和《ぶんな》年間の、上洛した尊氏と義詮による二人三脚体制をへて、尊氏の死去（一三五八）がメインストリームとなる。さらにその後十年間における北朝有力諸将内部抗争をへて、山名《やまな》・大《おお》内《うち》諸氏の外様《とざま》勢力の帰伏があった。そして最後に尊氏の子息、義詮・基氏が死去に至る流れが描かれる。

「華夷闘諍」の終焉

右の三つの画期についても「華夷闘諍」*の観点から簡略にふれておこう。まず、第一段階は「元弘一統」にともなう王威の再生が主脈となる。その主役をなす天皇・後醍醐の理想主義のなかで、『梅松論』が伝える「朕ノ新儀ハ未来ノ先例タルベシ」との自負は、「親政」主義として幾多の政策に反映される。

【「観応の擾乱」関係年表】（表5）

※和暦は左が南朝、右が北朝の元号

正平4	貞和5	1349	閏6月	足利直義と高師直不和
			8月	直義出家
			9月	足利基氏、鎌倉下向（鎌倉公方就任）
正平5	観応元	1350	10月	直義、京都脱出、大和へ
			11月	直義、師直討伐の挙兵
			12月	直義、南朝と和議。高師冬、上杉憲顕追討のために鎌倉を出る
正平6	観応2	1351	1月	直義入京。足利尊氏・義詮、播磨へ移動。師冬、甲斐で敗死
			2月	直義、尊氏と和議。上杉能憲、高師直・師泰を武庫川で討つ
			8月	直義と尊氏対立。直義、北陸へ
			10月	尊氏、南朝（後村上天皇）と和議（正平一統の和議）
			11月	直義、鎌倉に到着、上杉憲顕と合流
			12月	駿河・薩埵山合戦、直義敗走
正平7	観応3	1352	1月	尊氏、鎌倉入り
			2月	基氏元服、直義死去（47歳）
			閏2月	後村上天皇、男山八幡に進み、京都を回復するも足利の反撃にあう。正平一統の和議が破約。新田義興・義宗の上野挙兵、上杉憲顕も義宗軍に。武蔵野合戦、鎌倉合戦、笛吹峠合戦
			3月	尊氏、鎌倉奪回。義詮、京都奪回
正平8	文和2	1353	7月	尊氏、鎌倉から京都へ。基氏「入間川御陣」
正平13	延文3	1358	4月	尊氏死去
			10月	新田義興、矢口渡で謀殺
			12月	義詮、征夷大将軍就任
正平16	康安元	1361	11月	畠山国清、基氏に背き伊豆に
正平21	貞治6	1367	4月	基氏没す（28歳）

　これへの反動が「夷」たる立場での、武家側の動きだった。そしてより重要なことは、武家は単に「夷」たる要素とは別に、「華」を内包する戦略を構想したことだった。いわば「華」対「夷」という公武二項の対抗関係を止揚《しよう》し、表面上は大覚寺統の「華」（南朝）と持明院統の「華」（北朝）を登場させたことだ。足利側による光厳上皇の担ぎ出しと、光明天皇の即位は、その点で「公武」対立を「君ト君トノ争ヒ」へと転換させた。これにより武家は「正

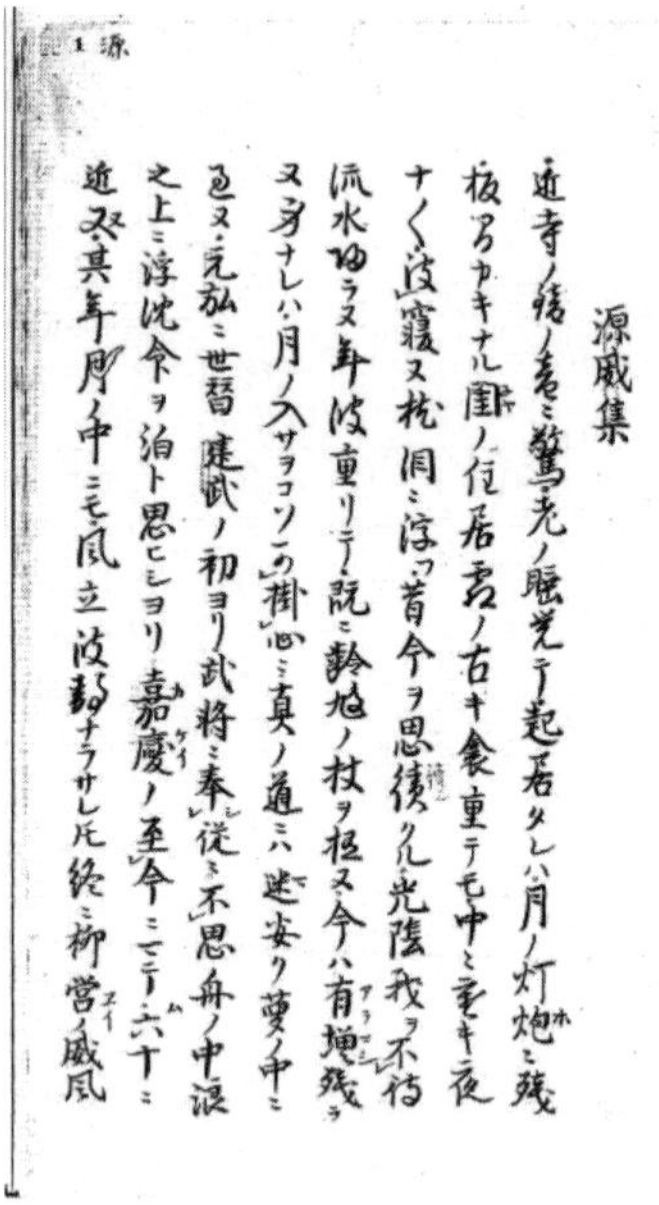
源威集

『源威集』（東京大学史料編纂所）

統」をめぐり権力のアドバンテージを自らに付与させたことになる。

このことは長期的に見れば、京都内の武家（「夷」）の存在への、免疫システムの確立に繫がった。その限りでは、足利政権誕生の布石となったのは、鎌倉後期以来の両統迭立（後鳥羽以降の流れ）が前提となる。第一ステージは、後醍醐の「元弘一統」からの脱皮と武威の再起動のなかで、武家側（足利）は王威再生を北朝の院政システムを追認するという形で、稼働させたことが大きい。当該期、武家側にあっても共通の敵たる吉野打倒に向けて、新局面が展開される。

そして第二ステージでの特質は、武闘派の後村上天皇を軸として、吉野が標榜する「華」のために、京都奪回を目指す時期だった。一方の武家では、内紛が表面化する。「観応の擾乱」と呼称されたこの事件の推移は別に譲るが（佐藤進一『日本の中世国家』〈前掲〉、亀田俊和《かめだとしたか》『観応の擾乱』〈中公新書、二〇一七〉）、高師直《こうのもろなお》・直義の対立から始まった武家内部の争いは、尊氏・直義の兄弟抗争に結果した。〝華夷〟の対立軸は、〝夷〟たる武家間の対抗に繋がるのだった。

その限りではこの第二ステージを規定したものは、武家内部へゲモニーの確立に向けて迫られた、さらなる選択だった。観応の擾乱の本質はそこにある。そして、この事件のもう一つの眼目は、東国での鎌倉合戦をへて、足利氏（尊氏）による関東の凝固作用が実現したことだ（この点、拙著『その後の鎌倉』〈前掲〉）。尊氏による「文和」の上洛**（一三五三）で父子将軍体制の樹立が決定的なものになる。

第三ステージは、まさに尊氏上洛による足利体制の確立だった。そうした状況下、尊氏・義詮父子による南朝からの京都奪回（〜一三六一）と、鎮西を除く畿内・西国の帰伏が準備された。鎌倉公方《くぼう》・足利基氏の鎌倉府体制の誕生で、東国十カ国支配が始動する。かくして東西両地域での足利体制が現出する。

＊　元来は朱子学的理念からの語句で、「華」とは中華意識における、血脈上の正統を前提とする。「夷」は辺境。蛮夷《ばんい》の考え方と同居するもので、武力による覇道《はどう》主義が前提となる。その限りでは「華」に対応するのが「正統」であり、他方の「夷」に対応するのが「正当」ということになろう。

＊＊　ちなみに尊氏にとっての「文和」年間は、かつての頼朝の「建久」年間での上洛にも比すべき内容を

有した。この点は尊氏の武威を伝える『源威集《げんいしゅう》』（源氏たる足利氏の武的権威の創出を、歴史的出来事に即し記述した軍記作品で、奥州十二年合戦〈前九年〉から源平争乱などの戦いを題材に語ったもの）からも看取される。「文和」の尊氏上洛は、東国を自己の分身たる基氏に託し、自らは京都に身を置くことで、足利体制下における基盤固めの画期となった。「建久」の頼朝上洛もまた既述したように、公武協調路線との合体を策した節目に当たるわけで、〝武家の記憶〟として、この「文和」年号は記憶されるべきものかもしれない。

宝剣伝説と足利氏

宝剣説話の〝源家相伝版〟については、既に『保暦間記』にあってもふれられていた。権力はその正当化に向けて〝神話〟の創作を試みる。楽器・武器などの宝器（レガリア）の相伝は、血統云々にも対比される神性を宿すものとして、伝えられた。権力の〝正統性〟の歴史への問いかけである。それは当該権力の当事者による創作もあり得るが、軍記作品など第三者によるケースもある。その点では「武威」と「王威」の相互認知のうえで書かれた宝剣伝記は、それなりの意味を有した。公武合体という理念の演出を歴史に提供することに繋がったからだ。前述した頼朝の上洛時における、後白河院との宝剣授与の件がそうだった。

『太平記』にも同様な説話がある。「新田義貞発→斯波《しば》高経《たかつね》経由→尊氏着」という宝剣説話の流れだ。ここでも後醍醐天皇が顔を出す。後白河院ほどの明確な役割は与えられていないにせよ、義貞の宝剣は後醍醐から授与とされている。ともども至尊たる立場の両者（後白河・後醍醐）が介在し、武威を保証する役割を与えたことは注目される（拙稿「「宝剣説話」を耕す」〈前掲〉）。

ちなみに、義貞にまつわる宝剣云々として著名なものは、稲村《いなむら》ケ崎《さき》での宝剣投海説話だろう。『太平記』（巻十「稲村ケ崎干潟ト成ル事」）に語られる内容がそれだ。元弘三／正慶二（一三三三）年五月の鎌倉攻略にさいしての出来事とされる。七里ガ浜の渡渉《としょう》のおり、「龍神ノ納受」を期し、源家相伝の太刀を義貞が奉じたことで、渡海が可能となったとするものだ。義貞の献身的行為による龍神の報恩譚《たん》という面はあるにしろ、ここでは義貞による宝剣の江島明神《えのしまみょうじん》（龍神の化身）への授与により、その加護を与えられたとする。つまりは宝剣の効能が武威発揚に繋がったとの理解だ。かくして鎌倉は北条勢力から解放される——説話ではここに力点が置かれている。*

『月百姿　稲むらか崎の明ほのゝ月』（国立国会図書館蔵）
新田義貞の稲村ケ崎宝剣投海の図

その点はともかく、稲村ケ崎の宝剣説話と直接関係はないが、義貞の最期を語る『太平記』（巻二十「義貞自害ノ事」）の部分にも、その所持の剣として「鬼《おに》切《きり》」「鬼丸《おにまる》」が記されていた（「剣巻《つるぎのまき》」での名とは少し異なる）。それによると、建武体制再生の役割を与えられた義貞は、北国戦線で足利一門の斯波氏と戦い敗死する。南朝側の元号でいえば延元三（一三三八）年閏七月のことだ。そのおり、越前《えちぜん》で戦死した義貞所持の宝刀を斯波高経が秘蔵しようとした。だが、そのことを尊氏が聞き及び、高経から強制返還させたとある。そのさいの尊氏は、当該の宝剣は源氏の嫡流が所持すべきもので、庶流の斯波氏の所持するものではないと主張したとある（『太平記』）。

この「源氏重代《じゅうだい》」の重宝が義貞の所持するところとなったのは、同じく『太平記』によれば、後醍醐天皇が討幕に尽力した義貞の武功を賞し授与したとする。以来、戦陣にあって義貞は、この太刀を帯有していたとある（巻十六「新田殿湊河合戦ノ事」）。ここに明らかなように、源家の宝剣は、義貞から足利尊氏の手中に帰したものの、そこには王権から授与・委任があったことになる。軍記上での説話とはいえ、王威との関連が表明されていることに留意したい。『保暦間記』で清盛《きよもり》から頼朝への宝剣授与に後白河院の介在があったように、この義貞から尊氏への流れにも、王威の介在があり、同様の構図と指摘できそうだ。説話的な荒唐無稽さを承知のうえで、王威と武威の相互の関係性を考えるさいの参考としたい。

＊『太平記』（巻五）では、この新田義貞刀剣説話に関連して、北条氏の家紋「三ツ鱗」の由来譚も紹介されている。これについては以前にも若干ふれた。それによれば、時政は子孫繁栄祈願のために江島に参詣、満願成就の日に龍神が示現し「日本ノ主」となすことの約諾を与え、「大ナル鱗ヲ三ツ」残し、海中へ姿を消したというものだ。時政はこれを家紋として善根を積むことで北条一門の繁栄が招来《しょうらい》するとの説話仕立てだ。当該説話が北条氏の繁栄を伝えたものとすれば、新田義貞の稲村ケ崎での宝剣投海説話にあっては、北条得宗家の専横の故に、のちの高時の時代には江島明神との約諾に齟齬を来《きた》し、明神が北条氏を見放すという流れが推測できる。同じ『太平記』の場面ながら、江島明神を介し、滅びゆく北条氏とこれを攻略する源氏（新田）という主役の交替が看取できそうだ。この点、拙著『日本史リブレット29　北条時政と北条政子』（山川出版社、二〇〇九）も参照。

彫磨される武威

最後に十四世紀の内乱について、武家の遺産という観点からながめておく。その場合の手がかりも〝鎌倉〟だ。十二世紀の内乱で鎌倉は地域的自己主張をなした。〝西高東低〟型の律令的国家から脱皮することで、武家の政治的磁場の拠点となった。そして鎌倉時代は、入口に近い承久の乱と出口の元弘の乱では、後鳥羽と後醍醐の二人の「至尊」勢力が武家打倒を試みた。だが、武家はその危機を回避した。その後、南北朝の動乱期をへて武家は王朝を圧し、それを接収する方向で権力を成熟させる。室町幕府はその象徴だった。このことの表明は例の『建武式目』からも読み取ることができる。

既述したように、そこでは「延喜」「天暦」の聖帝（醍醐・村上両天皇）の王朝的記憶と「文治」「承久」の義時・泰時父子という武家的記憶が、対となる形で継承されていた。つまりは武家たる幕府が、至尊勢力をも共通の記憶に順化・同化させ得ていたことであろう。鎌倉幕府のかつての経験値が時代的堆積《たいせき》をへて、京都王朝を相対化させるに至った（拙著『その後の鎌倉』〈前掲〉）。それは都鄙《とひ》の差（京と鎌倉）の解消の証しでもあった。

『太平記』が後醍醐天皇の挙兵を「天皇御謀反」と表現していることも、右のことと関係する。「御謀反」の語感は、秩序の支配者たる天皇の理念とは相反する。政治権力の収斂《しゅうれん》をめぐる安定性の欠如が含意されているという（新田一郎『太平記の時代』〈前掲〉）。

政治権力の不安定さ云々と関係するものとして、「公方」の概念も南北朝期が顕在化させた。「公方」は鎌倉後期に源流があるという。「治天」（天皇・上皇）以外に、武家の首長をも公方と指称するのは、秩序・統合が一元化されない状況が前提になる。武威の彫磨という側面でいえば、室町体制下にあっては、京都と鎌倉に二人の「公方」を現出させた。前者は京都将軍であり、後者はその連枝《れんし》たる鎌倉府の首長（公方）である。

尊氏・直義の兄弟分裂（観応の擾乱）の後、尊氏―義詮の父子将軍継承となる。そうしたなかで東国支配への政治基盤の整備がされた。京都幕府を援護する権力システムの構築である。直義的遺産を継承する鎌倉府の登場には、そうした背景があった。〝兄弟的秩序〟の原形質が埋め込まれていたともいえる。

南北朝期に登場する鎌倉府は、尊氏の血脈を継承する二人の息子兄弟（京都将軍の義詮―鎌倉公方の基氏）以降、十四世紀後半から十五世紀にかけて、その末裔《まつえい》たちが反目、乖離《かいり》する。鎌倉府においては基氏以後、氏満《うじみつ》―満兼《みつかね》―持氏《もちうじ》―成氏《しげうじ》と継承された公方の流れは、永享《えいきょう》の乱（一四三九）、享徳《きょうとく》の乱（一四五四〜）で終焉をむかえ、戦国時代の先駆けとなった。そこに潜在した権力の相剋《そうこく》は、室町体制下の武家にあっては〝東西問題*〟として表面化した。

室町期は武家にとって、自己の武威への自覚が強化された段階だった。『建武式目』で主張されている頼朝、そして義時への追憶は、王威再生の点滅する後鳥羽・後醍醐と対応されつつ、武家自体がその彫磨に向けて光を放ち始める時期といえそうだ。

＊「東西問題」とは、東国を管轄する鎌倉公方と、西国の室町幕府の将軍二人の公方間の対決を表現したもので、その影響は明徳の乱（一三九一年、山名氏清《やまなうじきよ》らと足利義満の戦い）以下での、諸種の闘諍事件にも影響を与えた。また、地域的にいえば、奥羽方面の武士団の盛衰にも影響を与えた。この点、拙著『奥羽武士団』（前掲）も参照。

Ⅲ

近代は武家と天皇をどう見たか

Ⅱでは中世の二つの内乱期に焦点をしぼり、王威《おうい》・武威《ぶい》それぞれの点滅事情を具体的流れのなかで整理した。「武家」か「天皇」かという選択の時代が到来するなかで、それぞれの勢力が、かたや伝統の「再生」に向けて、かたやその「彫磨《ちょうま》」に向け、激突。十二世紀と十四世紀の内乱期は、それが最も顕著な形で表面化する。最終的に武権が幕府体制を構築し、近世幕藩《ばくはん》体制の流れを定着させる。Ⅰでは、近世江戸期の代表的史論『読史《とくし》余論《よろん》』を再解釈することで、天皇および武家相互の関係性に言及した。Ⅲでは、近世史論の幾つかを助走にしつつ、近代史学史に焦点を据え、武家と天皇の〝見られ方〟について考えたい。

武士観の論跡をたどることは、他方で天皇についての認識も自《おの》ずと射程に入ることになる。近代国家はこの両者の存在とどう向き合ったのか――それがここでのテーマだ。

一、近代日本国の岐路

幕末、世論の選択——幕府か、はたまた朝廷か

明治の近代国家は指摘されているように幾つかの〝出生証〟を有した。わけても「王政復古」と「開国和親《わしん》」はその象徴といえる（この点、井上勲《いのうえいさお》『王政復古』中公新書、一九九一）。十二世紀末の内乱以降、七百年をへて、わが国は再び武家か天皇かで揺れた。*揺れ方は以下のように整理できる。

幕末の世論は、内の政治動向と外への外交姿勢の二つを軸に、以下のような区分けが可能かと思う。

【Ⅰ】国内動向では、武家すなわち幕府を是とする立場（佐幕《さばく》派）と、他方で天皇側を是とする立場（尊王《そんのう》派）の二つ。

【Ⅱ】外交姿勢においては、旧来のごとく異国（外国）を排する立場（攘夷《じょうい》派）と、他方で異国との交流を是とする立場（開国派）の二つ。

要は【Ⅰ】国内世論としては、武家（幕府）か天皇（朝廷）かの選択である。そして【Ⅱ】対外姿勢では攘夷（鎖国）か開国かという選択だった。そして四捨五入論を承知でいえば、四つの組み合わせが可能となる。

第一は庶民をふくめ最も多くの人々に支持された、「佐幕」―「攘夷」（鎖国）という組み合わせだ。

第二に多いのが、幕閣《ばっかく》首脳による「佐幕」―「開国」という組み合わせである（嘉永《かえい》七〈一八五四〉年の日米和親条約や安政《あんせい》五〈一八五八〉年の安政五カ国条約はその流れとなる）。

第三が、朝廷・天皇を盟主とする立場で、「尊王」―「攘夷」を堅持する流れだ（長州《ちょうしゅう》藩を中心とした急進的勢力が代表とされる）。

第四は同じく国内的には尊王思考を宿し、対外的には国を開く方向を是とする「尊王」―「開国」という組み合わせだ。

時間的流れによる揺れもあるが、ある断面で切れば、最初の「佐幕」―「攘夷」が多くの人々の共有した心情だった。そして最も少数派だったのは最後の「尊王」―「開国」派だったと思われる（これについては整理の仕方もふくめ、あるいは異論もあろう）。いうまでもなく明治維新は結果的には、少数派の「尊王」―「開国」を是として出発した。このことは改めて確認されるべきだろう。

明治国家の〝出生証〟云々《うんぬん》でいえば、慶応《けいおう》四（一八六八）年の「五箇条の誓文《せいもん》」には、その「王政復古（尊王）」と「開国和親（開国）」に対応する方向が反映されていた。いずれにしても、幕末にあっては〝武家（幕府）か、天皇（朝廷）か〟の選択が再び日程にのぼったのだ。ただし、それまでと異なるのは「開国」か「攘夷」かの是非が、加わったことだ。最終的には近代国家は「開国」を選ぶことで、世界と平準化することを選択した。海禁を是とするそれまでの外交の方向とは異なる選択だった。

＊　嘉永六（一八五三）年、「癸丑《きちゅう》」のペリー来航は、世界との平準化の当否をわが国に突きつけた。その時点では結果として、消極的開国が幕閣首脳によりなされた。当該期の国際情勢下での方便的選択だった。そう決断させた要因の一つが、天保《てんぽう》期の一八四〇年に勃発したアヘン戦争の影響だった。〝正義が力〟たる中華的理念が崩れ去り、欧米（英国）的な〝力が正義〟という現実直視への認識の高まりがあった。この点、拙著『海の日本史』（冨山房インターナショナル、二〇一二）参照。

「大政委任」論の来歴

明治の王政復古は突然到来したものではない。引き金は幕末維新での政治闘争だとしても、尊王回帰の方向は通奏低音のごとく、江戸期を通じ存在した。本居宣長《もとおりのりなが》（一七三〇〜一八〇一）が代表する、江戸後期の国学の隆盛もその一つだ。近世江戸期の学問事情を簡略に整理すれば、漢学（儒学・朱子学）、洋学（蘭学・蛮学）、そして国学の三つとなる。江戸期の学問潮流は、この三者が絡まりながら進展する。とりわけ国学の隆盛は、古来の日本的な思考の見直しとなる。

そうしたなかで漢学（朱子学）の立場にあっても、名分論《めいぶんろん》や国体論《こくたいろん》が水戸学《みとがく》として高唱されることになる。『大日本史《だいにほんし》』の遺伝子を継承したこの学問は、幕末の尊王論を領導していく。これに加えて国学的思考が重なったとき、国体論の立場から武家と天皇との関係が、議論の対象とされることになる。つまり武家の権力システムたる「幕府とは何か」という、問いかけだった。*

武家自身が自己の来歴を自らに問いかける意識が、江戸後期に浮上してくる。少なくとも、武家全盛の段階——山鹿素行《やまがそこう》『中朝事実《ちゅうちょうじじつ》』（一六六九）や新井白石《あらいはくせき》『読史余論』（一七一二）など——にはなかった意識だろう。けれども江戸後期、幕府という権力システムを「委任」論として解釈する立場が台頭し始める。要は武家と天皇との関係をどう解釈するか、という問題だった。

儒学（朱子学）的立場からの権力掌握の道筋には、「覇道《はどう》」と「王道」の両者があったとされる。その考え方に照らした場合、江戸前期までは、力ある者が権力を掌握する覇道主義に特段の疑義はなかった。いわば武家が朝廷（天皇）にかわり権力を握ったことへの疑義は、省みられなかった。簒奪《さんだつ》を是とする思考が当然視されたからだ。素行や白石の史論の内奥《ないおう》には、そういった考え方があった。

これに対し同じ朱子学ながら、国学的思考も加味される江戸後期に至ると、武家の簒奪思考について朝廷との関係でどう始末をつけるのかが、問われるに至った。「大政《たいせい》委任」論の登場は朝廷や天皇の存在を大前提に、語られることになる。

武家（幕府）にとって、「天皇・朝廷」再発見――つまり、尊王志向の台頭という流れのなかで、武家は自己の存在をどう認識するのかが、課題となった。朝廷（天皇）による武権への委任思考の背景には、およそ右のような事情があった。過去との向き合い方として、武家が自らの〝履歴書〟をどのように〝書き上げる〟かが日程にのぼったとき、委任論はまことに好都合の論理だった。幕末に徳川慶喜《よしのぶ》が朝廷に奉上した「大政奉還」とは、水戸出身の最後の将軍にとって、自己の〝落とし所〟を心得た判断だったことになる。

武家（幕府）が天皇に対し歴史上、どのような関係で存在してきたかを考えるための論理としては、「大政委任」は卓越した思考といえる。覇道による「簒奪」は正義ではない以上、中国的革命思想を否定する場合、「委任」を介することで武家（幕府）の正当たる立場が担保されるとの考え方だった。

ここで改めて「幕府」に宿された語感に想いを馳《は》せるならば、それは決して天皇に敵対する謀《む》反《ほん》性を有した概念ではなく、朝廷（天皇）からの武権の委任を前提にしたシステムの呼称だったことになる。鎌倉幕府なり、室町幕府そして江戸幕府というこの三つの呼称は、天皇と対峙するという理念は有さなかった。それ故に「幕府」たり得ることを、改めて確認する必要がある。そして何よりも、この「幕府」の語は『大日本史』的思考の延長にある「水戸学」と同居していることも確認する必要がある。

＊ 以上の点については、多くの関係論考のなかでも『日本思想大系48 近世史論集』『日本思想大系53 水戸学』（ともに前掲）等々の解題も参照されたい。なお、拙著『戦前・武士団研究史』（前掲）でも言及しているので併せて参じていただきたい。

「王政復古」の予兆と天皇

すでにふれたように、天皇の名号については、大きな分水嶺《ぶんすいれい》があった。＊ 最大の画期は平安王朝期での追号《ついごう》を主体とした方向だった。ローカリズムへの傾きのなかで、宇多《うだ》天皇（在位：八八七～八九七）以降の呼称には京都周辺の地名が冠せられるようになる。中華的グローバリズムからの脱却と「王朝国家」への移行とは対応関係にあった。その流れのなかで、中・近世の天皇の名称も推移するが、江戸後期に至り再度変化する。それまでのローカル的追号思考からの離脱であった。

光格《こうかく》天皇（在位：一七八〇〜一八一七）以下には、それが反映されている**。光格は「尊号一《いっ》件《けん》」云々でも知られるように、幕府（松平定信《まつだいらさだのぶ》）との確執もあり、自らその存在感を示した天皇であった。このことは光格天皇自身の思惑とは別に、この十八世紀末から十九世紀にかけて、国学の隆盛の気運が公家内部にもあり、それに対応する動きとして表面化する（藤田覚《ふじたさとる》『天皇の歴史6　江戸時代の天皇』〈講談社、二〇一一／のち講談社学術文庫〉）。

光格天皇（東京大学史料編纂所）

いずれにしても光格天皇の号については、漢風諡号《しごう》としての「光格」の表現、それに加えて平安後期以来の「院」、例えば「冷泉院」のような表記にかわる「天皇」呼称の復活という二重の回帰があった。それが可能になった前提には、復古的意識を是とした気運があった。広く国学の隆盛と相俟《あいま》ってのことだった。この点、松平定信以下の幕閣首脳の議による寛政の内裏***（現在の京都御所の前身）造営（寛政二〈一七九〇〉年）も、武家内部での王威再生への復古的気運と関係する。

＊　一般的に天皇没後の称として、生前の徳業を讃美《さんび》するものを諡号《しごう》といった。これとは別に讃美の意を含まず、縁《ゆかり》のある在所に由来した没後の呼称を追号《ついごう》といった。中国風の漢風諡号には多くの場合、文明的・グローバル的な要素が混入されており、追号は王朝風味の文化的・ローカル的要素の傾向があった。平安期でいえば、九世紀の光孝《こうこう》天皇（在位：八八四〜八八七）が最後の漢風諡号だ。漢風が復活するのは指摘したように、江戸後期となる。天皇を含め諸々の制度的規定は、帝国学士院編『帝室制度史』（一九三七〜一九四五）や宮内庁書陵部編『皇室制度史料』（吉川弘文館、一九八七〜）に詳しい。

＊＊　この光格天皇は閑院宮典仁《かんいんのみやすけひと》親王の第六皇子で、後桃園《ごももぞの》天皇（在位：一七七一〜一七七九）の養子として践祚《せんそ》する。「尊号一件」は父・典仁に太上《だいじょう》天皇（上皇）の尊号を贈ろうとして幕府に反対された事件をさす。文化《ぶんか》十四（一八一七）年に皇太子（仁孝《にんこう》天皇）に譲位して院政を行うなど、強烈な君主意識で朝儀の再興につとめた。没後、漢風諡号と天皇号とを組み合わせた天皇名が九五〇年ぶりに復活。それ以後、「仁孝—孝明《こうめい》—明治《めいじ》」という流れでグローバリズム的動きが主流となった。幕府主導の「寛政の内裏《だいり》」造営もそうした復古意識の表明だった。

＊＊＊　「寛政の内裏」は嘉永七（一八五四）年に焼失。その後、戦後にも再度、一時的に焼亡したものの復旧再建され、現在に至っている。ちなみに平安内裏については、村上《むらかみ》天皇の時期に焼亡、鎌倉期を通じ再建・焼亡を繰り返した。そうしたなかで里内裏《さとだいり》が一般化する。平安末から鎌倉期の里内裏として著名なもの

に土御門殿《つちみかどどの》・閑院殿《かんいんどの》がある。南北朝期の北朝の里内裏だった土御門殿は戦国期には信長《のぶなが》・秀吉《ひでよし》の援助を得て、近世的な内裏へと変貌《へんぼう》をとげた。現今の京都御所の原形であるとされる。この点、児玉幸多《こだまこうた》編『日本史小百科8　天皇』（前掲）参照。

王威回帰の記憶

戦前の著名な史家・龍《りょう》粛《すすむ》（一八九〇～一九六四）は、明治維新における「王政復古」を「承久《じょうきゅう》」「建武《けんむ》」に続く三度目の天皇回帰と評した。近代明治国家の出生証にも、「王政復古」の標榜があったことは、すでにふれた。龍の評は、平安期までの集権的システムは武家（幕府）の台頭で遮断されたものの、七百年にわたるその後の武家支配をへて再度、天皇回帰の実現がなされた、とする。

近代明治の王政復古主義者は、「承久」と「建武」を特別の思いで解釈した。「承久の変」なり「建武の中興」なりの語感に込められた歴史認識には、そのことが表明されている。「承久の変」については、鎌倉側の勝利が後鳥羽《ごとば》院以下三上皇の配流《はいる》という「一大変事」をもたらしたが故の表現だったことによる。そして後醍醐《ごだいご》天皇の「建武」に関しては、明治の王政復古への道筋の中間にあって、武家支配に〝抵抗〟した栄光の記憶との認識があったに相違あるまい。〝中興〟の語感には、そうした内容が含意されていた。とすれば、「承久」―「建武」―「明治」と繋《つな》がる天皇たちは、王威再生に寄与した存在だと認識されることになる。

このことを顕著に語る事例を田尻佐《たじりたすく》編『贈位諸賢伝《ぞういしょけんでん》』＊（国友社、一九二七）なる書物を介してながめてみよう。別表をご覧いただきたい。**表7**は歴史上の人物たちの贈位・顕彰理由とその割合。**表6**は具体的人物たちの一覧だ。『贈位諸賢伝』についての詳細は別にゆずる（拙著『ミカドの国の歴史学』〈新人物往来社、一九九四／のち『「国史」の誕生』と改題、講談社学術文庫〉）。ここでは明治・大正期の近代国家が過去の歴史に何を投影させたかの手がかりをつかむ意味で参照したい。

明治維新での顕彰者たちを除くと、少なからず「承久」そして南北朝期の「建武」にかかわる人物たちが占めている点は、やはり注目に値する。近代国家のネガティブキャンペーンという流れでいえば、過去の幕府体制にかかわった武人・武将は埒《らち》の外だった。信長・秀吉そして家康《いえやす》といった天下人たちはもとより、頼朝《よりとも》といえどもそれは論外だった。ましてや、承久にあって後鳥羽以下の三上皇を配流した北条義時《よしとき》、さらに後醍醐に敵対した北条高時《たかとき》・足利尊氏《たかうじ》には筆誅《ひっちゅう》がなされた。ただし、天皇の目線でながめるならば、武家ながら王威再生に尽力した三浦胤義《みうらたねよし》・藤原秀康《ひでやす》（承久の乱での後鳥羽上皇側の武士）あるいは新田義貞《にったよしさだ》・楠木正成《くすのきまさしげ》（元弘・建武の乱での後醍醐天皇側の武士）たちは、贈位・顕彰の対象とされた。ちなみに元寇《げんこう》関係や刀伊《とい》の入寇の異国合戦での功労者たちも、武人といえども対外危機での功績から贈位対象とされた。著名な例でいえば、明治三十七（一九〇四）年の北条時宗《ときむね》の例は、その典型だった。当該期は日露戦争との関係で対外的緊張が高まっており、そうした時代の背景が贈位に大きく影響した。

いずれにしても、明治国家の出生証たる「王政復古」にかかわる武士たちは、朝廷・天皇への〝忠君〟意識が溢《あふ》れていた。その点では明治の王政復古は、忠君の対象を「将軍」から「天皇」へと変換させたとも言い得る。内在的には、伝統的な儒教的徳目の思考たる忠君主義が「将軍」から「天皇」へという、対象の転換を容易にしたことになる。

楠木正成（湊川神社）

表6で楠木正成が明治前期に、贈位対象者と認定されていることも注目に値する。* 正成は建武体制の最終段階、尊氏に抗して摂津・湊川《みなとがわ》で敗死した武将として知られる。正成については戦国期の正親町《おおぎまち》天皇によって朝敵赦免《しゃめん》の綸旨《りんじ》が出されていた。永禄《えいろく》二（一五五九）年のことだ。
そして水戸《みと》光圀《みつくに》は江戸期に正成の忠節を賞し、『大日本史』の叙述に反映させた。この書は、南朝忠臣の賞賛思考の流れで、尊王思想の側面が強調されがちだが、根本は主君への忠義が重視されている。主君が天皇か否かが問題ではなく、背後には秩序に軸をおく思考があった。秩序を乱す存在は何人《なんぴと》といえども許されない。それ故に『大日本史』の副産物たる安積澹泊《あさかたんぱく》（一六五六～一七三八）の『大日本史賛藪《さんそう》』などにあっても、かりに天皇側

大正5	河野通有	正五	元寇
	斎藤資定	正五	〃
	少弐経資	正四	〃
	河野通信	従五	承久
	長谷部信連	従五	源平
6	吉水院宗信	正五	南北朝
	竹原八郎	従四	〃
	山田重忠	正五	承久
	鏡　久綱	正五	〃
	宮崎定範	正五	〃
7	※藤原秀郷	正二	平安(将門追討)
	南部光行	従三	奥州
	南部政持	正四	南北朝
	南部信光	従三	〃
	春日部重行	従四	〃
	小山朝政	正四	承久
8	宇佐輔景	従四	南北朝
	植月重佐	正五	〃
	大高阪松王丸	従四	〃
	恩地左近	従四	〃
	千種忠顕	従二	〃
	村上義弘	正五	〃
	和田正武	正四	〃
	和田賢秀	従四	〃
	和田正朝	従四	〃
13	大井田経隆	正四	〃
	大井田氏経	従四	〃
	大江景繁	正五	〃
	菊池覚勝	正三	〃

大正13	菊池武吉	従三	南北朝
	菊池武澄	従三	〃
	福光佐長	正五	〃
	大友頼泰	正四	元寇
	大友貞親	正四	〃
	大矢野種村	従四	〃
	佐々木経高	従四	承久
昭和3	石川義純	従四	南北朝
	菊池武安	従三	〃
	里見時成	従四	〃
	錦織俊政	従四	〃
	藤原行房	従二	〃
	藤原家賢	正五	承久
	藤原範茂	正三	〃
	藤原光親	従一	〃
	藤原宗行	従二	〃
	源　有雅	従一	〃
	山鹿秀遠	従四	平安(源平)
6	入来院有重	正五	元寇
	入来院致重	正五	〃
	入来院重尚	正五	〃
	平　成輔	従二	〃
	※平　景隆	従三	〃
	草野経永	従四	〃
	白石通泰	従四	〃
8	※足助重範	従三	南北朝
10	※名和長年	従一	〃
	(助法眼)教乗	従五	〃
13	名和義高	正四	〃

【贈位者の割合】(表7)　(※合計は延べ人数)

南朝関係者	元　寇	承　久	その他	合　計
112人	21人	12人	13人	158人

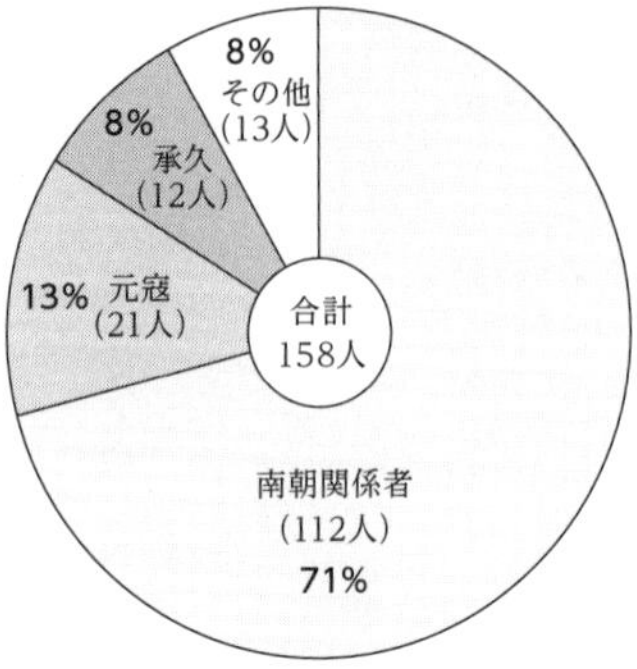

【古代・中世贈位者一覧】（表6） （※印は再贈位者）

明治9	※楠木正行	従三	南北朝
	※新田義貞	正三	〃
13	楠木正成	正一	〃
15	※新田義貞	正一	〃
16	※藤原秀郷	正三	平安（将門追討）
	脇屋義助	従三	南北朝
	※菊池武時	従三	〃
	※児島範長	従四	〃
	※児島高徳	正四	〃
	※桜山玆俊	従四	〃
	※結城宗広	正四	〃
	※結城親光	従四	〃
	※名和長年	従三	〃
17	土居通増	正四	〃
	得能通綱	正四	〃
	藤原資朝	従二	〃
	藤原俊基	従三	〃
24	※足助重範	正四	〃
29	宗　助国	従三	元寇
	※平　景隆	正四	〃
	南部師行	正五	南北朝
30	※楠木正行	従二	〃
31	和気清麿	正一	奈良・平安
35	※菊池武時	従一	南北朝
	菊池武重	従三	〃
	菊池武光	従三	〃
36	※児島範長	正四	〃
	※児島高徳	従三	〃
	※桜山玆俊	正四	〃
37	紀　貫之	従二	平安（古今集）
	北条時宗	従一	元寇
38	土岐頼兼	正四	南北朝
	※結城宗広	正三	〃
	※結城親光	正四	〃
	多治見国長	正四	〃
40	下妻政泰	正四	〃
	関　宗祐	正四	〃
	関　宗政	従四	〃
	那珂通辰	正四	〃
	島津久経	正三	元寇
41	北畠親房	正一	南北朝
	南部政長	正五	〃
	村上義光	従三	〃
42	新田義顕	従三	〃
	新田義興	従三	〃
	新田義宗	従三	〃
44	阿蘇惟直	正四	〃
	阿蘇惟澄	正四	〃
	宇都宮隆房	従四	〃
	菊池武政	従三	〃
明治44	菊池武朝	従三	南北朝
	太安万侶	従三	奈良（日本書紀）
大正元	肝付兼重	従四	南北朝
	松浦　定	従三	〃
	千秋親昌	正四	〃
3	楠木正季	正三	〃
	楠木正時	正四	〃
	和田正遠	正四	〃
4	大蔵種材	従四	平安（刀伊入寇）
	有元佐弘	正四	南北朝
	有元佐光	正四	〃
	有元佐吉	正五	〃
	阿蘇惟武	従三	〃
	阿蘇惟成	従四	〃
	相知蓮賀	従四	〃
	大館宗氏	従四	〃
	大館氏明	正四	〃
	片岡利一	正五	〃
	金谷経氏	正四	〃
	香坂高宗	従四	〃
	北畠具行	正二	〃
	菊池武敏	従三	〃
	忽那義範	従四	〃
	楠木正家	正四	〃
	楠木正勝	正四	〃
	楠木正元	従四	〃
	気比氏治	正四	〃
	気比斉晴	従四	〃
	勅使河原直重	従四	〃
	名和長重	正四	〃
	南部信政	従四	〃
	日野邦光	正三	〃
	富士名義綱	正四	〃
	村上義隆	従四	〃
	村山隆義	正五	〃
	村山信義	正五	〃
	脇屋義治	正四	〃
	小山秀朝	正五	〃
	村山義盛	正五	〃
	少弐資能	従三	元寇
	少弐景資	正四	〃
	竹崎季長	従三	〃
	菊池武房	従三	〃
	仁科盛遠	従四	承久
	藤原保則	従三	平安（奥州合戦）
	源　頼義	正三	〃
	源　義家	正三	〃
	北条実時	正五	鎌倉（学問）
5	土居通重	正五	南北朝
	村山義信	従四	〃

の立場であろうと、秩序へ挑戦した者の評価は低い。まず秩序という規範の順守に重きがおかれたのだ。その後、尊王への水位が高まってくる天保期あたりになると、『大日本史』の別の顔(「水戸学」)が前面に登場する。そこにあっては国学的隆盛と絡み、様相が変化する。

例えば国学の泰斗《たいと》、本居宣長(一七三〇〜一八〇一)である。その著『玉勝間《たまかつま》』(十三ノ巻三五「九条廃帝」)で義時の評のくだりにこのことが表明され、「東の賊《あずまぬすびと》北条の義時、いたく荒びて、ゆゝしき世のみだれおこりて……三所の天皇たちを、遠所に遷し奉り、此新帝《いまみかど》(仲恭)をも、おしおろし奉りぬるは、あさましなどもよのつねのことをこそいへ、いはむかたもなき、逆事《さかしまごと》のまがことにぞ有ける」と述べられている。至尊主義の源流というべきこの思考は、国学者・平田篤胤《ひらたあつたね》(一七七六〜一八四三)などの政治運動へと繋がり、幕末の王政復古へと流入する。ここには、「人への倫理上の普遍性」という朱子学的な思考とは異なるものがはらまれていた。国学の場合の軸足は日本に置かれており、文化主義的思考に立脚することは明白だった。そして王政復古に向かう趨勢では秩序の順守に加えて、戴くべきは至尊《しそん》だった。このあたりは秩序への価値に比重を置く限り、朱子学的な文明思考とは異なっていたことになる。

近世後期は『太平記』的世界の広がりとともに、中世の忠臣たちが蘇《よみがえ》る時代となった。蘇り方において文明的か文化的思考かを問う方向性の相違により、異なる世界観が展開された。前者は漢学ゾーン、後者は国学ゾーンでの歴史認識の相違として、その後の近代史学史を規定することになる。

ついでながら、『大日本史』の編纂《へんさん》は長期にわたった。それ故に、そこに投影されている歴史観は一律ではなかった。とりわけ後期の段階は、天保学（水戸学）とも呼称され、国学との親近性を有し、尊王思考へとシフトする傾向は否めなかった。前述した南北朝の正閏論《せいじゅんろん》でいえば、正閏の別を問わないとした林家《りんけ》編纂の『本朝通鑑《ほんちょうつがん》』（一六七〇）的立場での思考とは、立場を異《こと》にした。『大日本史』の場合、南北両朝の正閏を区別し、南朝（吉野）の神器《じんぎ》所在を前提に北朝偽朝《ぎちょう》論の思考を是とした。明治維新での天皇観は、その『大日本史』に依拠していた。

＊ ちなみに楠木正成の評価について付記すれば、『太平記』に記されている「良将」は武将の一つのタイプで、国文学の佐伯真一《さえきしんいち》により指摘されたもの（「『義貞軍記』と武士の価値観」〈『日中韓の武将伝』勉誠出版、二〇一四〉所収）。そこでは潔い腹切り主義を前提とする「勇将」とは異なり、戦いの最終的出口で勝利を得るための武人の行動規範をさす。つまりはゲリラ的なしぶとい戦い方で、逃げながら戦い抜く武将像とされる。あきらめない強さを保持した武将を『太平記』は「良将」として位置づけた。

一、武家の遺産

文明史論と武士

「五箇条の誓文」が明治国家の出生証を伝えるとすれば、そこに語られている「開国和親」に約言できる文言も、「王政復古」とともに重要な支柱といえる。「開国和親」とは世界と交わり、平準化するという思考だ。行き着く方向は普遍性との同居だった。「王政復古」が天皇を見いだすという文化主義の思考を具有したとすれば、この「開国和親」には文明主義思考が汲《く》み取れる。

既述したように、近世江戸期がその胎内に宿した学問潮流として漢学、そして国学があった。両者の絡まりが「王政復古」に繋がった。『大日本史』の遺産を継承する水戸学には、従前の朱子学的母胎に加え、国学的尊王思考も接《つ》ぎ木《き》されており、そのあたりの事情を看取できる。

そして江戸期には実はもう一つの学問潮流があった。実学重視の西欧に原点を有する洋学（蘭学・蛮学）の勃興だ（この点、拙著『「国史」の誕生』〈前掲〉）。近代明治はこの潮流を文明史という分野で開花させた。明治前期は「開国和親」に対応するように、文明史論が広く流行する。ヨーロッパの文明史に影響されたものだった。福沢諭吉《ふくざわゆきち》（一八三五〜一九〇一）の『文明論之概略《ぶんめいろんのがいりゃく》』（一八七五）や田口卯吉《たぐちうきち》（一八五五〜一九〇五）の『日本開化小史《にほんかいかしょうし》』（一八七七〜）はその代表といえる。彼らは明治中・後期の在野史学の学脈形成の原点に位置した。わが国の歴史を他者（他国）との関係のなかで論じ、比較史的視点も加味したもので、その発想と観点は刺激的である。

〝武士〟なる存在については、徳川体制終焉による後遺症もあって、一部にはこれを負の遺産として認識する傾向もあった。けれども文明史論に関しては、社会的存在としての武士を再発見する契機ともなった。当初、武士の再発見については「王政復古」との関係が濃厚だった。つまりは楠木正成、新田義貞ら吉野朝への忠臣グループと目される武士たちに光が当てられた。

だが、文明史論の論者たちは、そうした〝臭味〟は度外視していた。あくまで〝世界のなかの日本〟という視線であり、広く人類史的見地から発想した。昨今の流れでいえばグローバリズムの発想も共有化されていた。このあたりは、福沢の『学問のすゝめ』（一八七二〜）でもその精神は明らかだ。文明史論に与《くみ》する論者たちは、考証学的な専門的見地よりは普遍性に向けてのジャーナリズム的視点を真骨頂とした。

広く市民的歴史学の源流とされる文明史論の場合、その拠《よ》るべき定点は、政府とか天皇とかではなかった。市民的とか在野的とかの語感に含意されているのは、狭量なナショナリズムではない。〝向けられるべき〟は外への関心だった。この点、主義や信条において一致しているわけではないが、昭和戦前期における唯物史観のインターナショナル的要素とも親和性を有していた(この点、永原慶二《ながはらけいじ》・鹿野政直《かのまさなお》編著『日本の歴史家』日本評論社、一九七六)。後述するが、「開国和親」にちなむ〝武士の発見〟という流れは、右のような意識もはらんでいたことも確認できる。そこでまずは福沢が『文明論之概略』で語った至尊・至強論を取り上げ、次に田口の『日本開化小史』へと議論をすすめよう。

「至尊」と「至強」の分裂が意味したもの――『文明論之概略』より

武士の〝見られ方〟という面で考えれば、近代明治は一つの画期をなした。理由は武士なり武家が〝彼岸〟の問題として扱われたことだ。つまりは存在としての武士が、客観視の対象となった。少なくとも近世徳川体制下にあっては、その存在は〝此岸《しがん》〟に位置しており、武家にとっては自身と距離を保ち、ながめるには至らなかったからだ。その点、尊王的水位の高まりのなかで、幕末以降には武士が自らの来歴を認識することが要請され始める。

福沢が『文明論之概略』*で指摘する「至尊」「至強」論は、わが国の武家と天皇との関係性を総括するうえで、有益な視点を提供する。その底流にあるのは、列強諸国からの侵略的危機への対応だった。そこに明治国家における武士の再解釈に繋がるテーマもはらまれていた。

列強進出の対象となった中国・朝鮮国と比較したうえで彼我《ひが》の歴史的相違への着目も生じた。

福沢はわが国の前近代の歴史的特色を「至尊」（天皇）と「至強」（将軍）の分裂と解し、アジア諸国との相違を歴史に問おうとした。後述するように、福沢や田口の文明史論の背後にあるのは、世界（西欧）に追いつくための開化志向（民衆の啓蒙《けいもう》と人権の確立）だった。「民の力」（民権）への信奉であり、権威たる至尊（天皇）と権力としての至強（将軍）が別人格で分離され続けた、わが国ならではの柔軟構造、そしてそうした権力形態を生み出した特異性への着目である。それは、至尊と至強が一人格の内に合体していた中国的な皇帝思考とは異なる、との理解だ。

福沢の至尊・至強論を私流で解釈すれば、右のようになろうか。福沢の至尊・至強分裂論の内奥にあるのは、ナショナリストの発露であろうことは推測に難くない。そして、そうした時代の流れが脱亜《だつあ》論へと向かわせたことも了解され得るところだ。

福沢諭吉（朝日新聞社）

その点を離れても、以下のように敷衍《ふえん》することは可能だろう。古代律令《りつりょう》国家にあっては、わが国は中国皇帝を模倣した「小中華」思考を前提とした。古代の至尊と至強は、天皇権力のなかに収斂《しゅうれん》されていた。いわば畿内（平城・平安京）を中軸に、同心円的構造の権力体として律令国家は存在したことになる（64ページ**図1**参照）。けれども、武家が権力を掌握する鎌倉期以降の中世は、東国と畿内の二つに権力軸が二分される状況が現出する。いわば朝廷（天皇）を軸とする旧来の同心円的権力体に加え、鎌倉（武家）を軸とする至強的円形構造の誕生である。つまりは日本国は二つの円が併存するように、それぞれに権力の磁場が構成されたとの解釈も可能になろう。中心軸を二つ有した楕円《だえん》型の権力配置が登場するとの理解となろうか。

＊『文明論之概略』に関しては多くの研究があるが、ここでは本書の問題関心に即し天皇と武家との相互の関係に特化し、着目すべき論点のみを抽出しておく。同著（巻之一、第二章「西洋の文明を目的とする事」）のなかで福沢は、わが国の政治体制を以下のように語っている。「ある人の説に、支那は独裁政府といえどもなお政府の変革あり、日本は一系万代の風なればその人民の心も自《おのず》から固陋《ころう》ならざるべからずという者あれども、この説はただ外形の名義に拘泥して事実を察せざるものなり……。（中略）……中古武家の代に至り、漸く交際の仕組を破《やぶ》りて、至尊《しそん》必ずしも至強ならず、至強必ずしも至尊ならざるの勢と為《な》り、民心に感ずる所にて、至尊の考と至強の考とは自《おのず》から別にして、あたかも胸中に二物を容《い》れてその運動を許したるが如し」（岩波文庫、三八ページ）と指摘する。福沢の論はその後、丸山真男『「文明論之概略」を読む』（岩波新書、一九八六）、同『丸山眞男講義録［第五冊］』（東京大学出版会、一九九九）において肉付けされ、前近代の日本の政治システムを検討するための重要な視点として解されている。この点については拙著『カ

ルチャーアワー　歴史再発見　武士の時代へ』（NHK出版、二〇〇八）でも言及したので参照のこと。

「鎌倉政府」という語彙が宿すもの――「幕府」の再定義に向けて

それでは福沢と同じく、文明史論の立場にある田口卯吉の『日本開化小史』の場合はどうか。同書の第四章「鎌倉政府の創業より其治世の間の有様《ありさま》」には、冒頭に以下の叙述がある。

鎌倉政府は斯る大小名の武功によりて創立する所なるを以て、彼の次第《しだい》に増進せる封建の勢を滅消《めっしょう》し、之を郡県の有様に復《ふく》す事は、素《もと》より其《その》威力の及ばざる所なり……、然《しか》れども其威力の及ばん限りは、之《これ》を抑制《よくせい》したるが如《ごと》し。彼の王朝《おうちょう》の時に当て、数々叛乱闘争《とうそう》を為《な》したりし諸国の大小名は、鎌倉政府の時に於ては、或《あるい》は帷幕《いばく》の臣となりて政治の要務に関し、或は政府の優《ゆう》待《たい》を受けて地方の人民を治め、復《ま》た従前の如く政府の人に凌蔑《りょうべつ》せられざるに至りしを以て、皆な歓喜《かんき》して鎌倉政府に忠節を尽すの人と成れり。

いささか長い引用だが、私流にいえば、「武士による武士のための政府」。ここにこそ鎌倉の武家政権の本質があるとの見解なのだろう。それ以前の権利不安定な関係を脱し、自らの権限の伸長を目指す地方の台頭という主張である。江戸期の史論書に典型的だった人物得失論の影は払《ふっ》拭《しょく》されている。* 留意すべきは二点だ。一つは、「封建」と「郡県」の語である。この両者の漢語は、従来の伝統的な中国的統治の用法である。「封建」とは諸侯《しょこう》に領地を与えて統治を任せる、権力の分散を前提とする地方の統治の在り方をさす（中国の周《しゅう》王朝に源流を有するシステム）。他方、「郡県」は王朝が任命した官吏を派遣して治めさせる、中央集権的な統治の方式（中国の秦《しん》王朝に由来するシステム）といえる。歴史的にはこの二つの統治方式は何度も形をかえて、歴代の中国各王朝に登場する。

わが国にあっても天皇権力が強かった時代は、「郡県」と認識された。武家の時代は権力が地方に分散したが故に、「封建」との認識だった。『日本開化小史』での用い方はそれにちなむ。この『日本開化小史』の文脈では、藩閥的有司《ゆうし》専制への批判が背景にあった。明治国家が再び「郡県」化（集権化）の極端な方向に進むことへの危惧があったからだ。田口にとっては、鎌倉期の「大小名」の台頭が地方自立の証しであり、鎌倉の権力は、それらを組織したことによる「文明的進歩」とみなす立場だ。人類史（文明史）レベルでの帰結として、「封建」への傾きを是認したものだった。その点では武士の力を文明史の立場で、再発見した史家といえる。

田口は右の第四章に先立つ平安期の叙述にあたり、地方での闘諍《とうじょう》や騒乱の主役をなした勢力を「武夫《もののふ》」と称し、その集団を「武夫党」と表現している（第三章）。今日的な表現でいえば「武夫」＝「武士団」に擬定《ぎてい》させた解釈といえる。いわば「武夫（武士）」なる概念を用いつつ、その集団的武力が時代の転換、すなわち「封建の勢」への移行に資することを説明しようとした。

そして留意すべき二つ目は、冒頭以下で「鎌倉政府」なる語が多用されていることだ。『日本開化小史』にあっては、「幕府」の語は登場しない。この点は着目されねばなるまい。田口は文明史（人類史）の立場で時代の画期を叙するにさいし、単に上層勢力の政治権力の交替ではなく、社会の深部から起こった時代の転換に着目した。その意味で、都鄙《とひ》の落差が縮まり、地方の発言力が「武夫（武士）」により代弁され始める状況こそに、節目を見いだしたのである。「武士」の動向が、社会の趨勢《すうせい》の画期をなすとの立場に他ならない。

以上からあらためて確認するなら、そもそも「幕府」とは、公権委任という制度的システムに由来する用語であり、中国的漢語理念を前提としたものだった。その点では朝廷（天皇）が、その統治を委任することで成り立つ。公武《こうぶ》合体にともなう合法的存在としての武家を演出するための用語だった。ゆえに「幕府」の語彙が武家の存在を公権委任論から説明しようとする水戸学で多用されたのも当然の結果だった。「幕府」とは〝調教された武家の府〟への呼称だったことになる。だが田口の場合、これを用いず、むしろ〝調教されない武家〟の意として、「政府」の語を用いたのだ。天皇（朝廷）と別居思考の武権は、「鎌倉政府」こそがふさわしいとの判断だった。

＊　近世江戸期の道徳的人物得失論は、北条義時や足利尊氏への言及部分から確認できる。近世の史書は少なからず、その基軸に〝忠君〟が置かれていた。けれども田口の場合、歴史上の人物評価は、その行為・行動を時代のなかで解釈する立場を堅持していた。田口は、旧来の史家は「尊氏、南朝に叛《そむ》く応報」として、足利政権内部の騒擾《そうじょう》を説明する傾向があるが、それは正しい解釈ではないとする。世界の諸民族の動向にてらし、「封建」の時代における乱臣の台頭は、社会のシステムから当然の事象と指摘している。人物と時代の関係を「品行を以て論ずべからず」との主張である。そこには近世江戸期の潮流でもあった道徳的鑑戒《かんかい》の立場からの解放が示されていた。

『日本開化小史』の史学史的意味

『日本開化小史』は、明治十（一八七七）年から同十五（一八八二）年にかけて執筆された。史学史の流れでは、在野史学の草分け的存在として位置づけられよう。＊田口の武士論は、同書の第三章から第五章の平安・鎌倉・南北朝期に該当する箇所に語られている。ここには、時代の変化に寄与するものは、下からの「力」だとの発想が根底にあった。

社会的勢力への注目という点では、「武夫党」（＝大小名勢力）による「鎌倉政府」の樹立という流れは重要だといえる。いずれにしても、地方自立や地方分権の実現が「武夫党」の成長をうながし、その最終的到達点を「鎌倉政府」とする解釈は、従来の史論にはない卓見だった。まさに文明史論の立場からの発想である。

田口をはじめとする文明史を標榜する論者たちは、グローバルな視点のなかで、諸民族の興亡から「進歩」の概念を見いだそうとした。それに自覚的に向き合うという点で、旧来の制度論や考証論とは一線を画する。「武夫党」の表現を用いた田口の卓見は評価されるべきで、そこには階級的視点も含まれており、現今の「武士団」（その内部に主従関係による身分重層性を含む社会集団）概念**にも通底する。

〝存在としての武士〟が文明史分野のなかで再評価されたことは、おさえておくべきだ。なぜなら史学的文脈では、この在野的発想は非官学派として、マルクス主義的史学とも点線ながら繋がるからだ（この点、拙稿「中世史学史の点と線」〈『学問をしばるもの』前掲〉に所収）。

＊『日本開化小史』の史学史的位置づけは、拙著『「国史」の誕生』（前掲）でも詳述したので、参照されたい。また田口卯吉の史家としての活躍は、『国史大系』の編纂に従事するなど、多様な分野での活動が知られる。官学史学と対峙されるべき在野史学の泰斗として、近代史学史に足跡を残した。田口はまた自らも雑誌『史海』を主宰し、歴史学の普及に貢献した。その田口の学脈は市民的歴史学の裾野を拓《ひら》くうえで寄与し、竹越与三郎《たけこしよさぶろう》あるいは山路愛山《やまじあいざん》らに連接することになる。彼らはジャーナリスト的思考を前提に、武士や

武家の存在には強い関心を寄せた。

＊＊「武士団」という概念は、石母田正《いしもだしょう》が武士の階級的性格に注目することで本格的登場をみた。戦前以来の史的唯物論のなかで、提起されたものであった。石母田正『中世的世界の形成』（伊藤書店、一九四六／のち岩波文庫）の領主制研究で理論化されたものだった。この用語については社会・経済史分野での早い例として、奥田真啓《おくだしんけい》『武士団と神道』（白揚社、一九三九）が挙げられる。ちなみにこの「武士団」なり「武士道」なる概念が用いられる背景には、脱亜入欧観の流入にともなう西欧的な「騎士道」「騎士団」なる訳語が流布したことからの影響があったとの指摘もある。この点、髙橋昌明《たかはしまさあき》『武士の日本史』（岩波新書、二〇一八）以下の一連の研究も参照のこと。

在野史学の点と線――「住人」の発見

在野史学の裾野は広い。「国民新聞」（徳富蘇峰《とくとみそほう》の創刊、一八九〇）にあって、健筆をふるった山路《やまじ》愛山《あいざん》（一八六四〜一九一七）もそうだった。非官学系という点では、田口の『日本開化小史』的発想と同一ゾーンに属す。山路の名著『源頼朝』（玄黄社、一九〇九／のち東洋文庫）も単なる人物論では律し切れない奥行きを有するもので、人物と時代への洞察が随所に散見される。彼は「史学の為に史実」（雑誌『太陽』、一八九八）を求める考証的史学とは、一線を画した（官学史学の史学偏重主義の傾向を愛山はこのように表現した）。愛山の武士観は『源頼朝』に集約される。「英雄は時代を作り時代は英雄を作る」との著名な一節を冒頭に掲げる本書は、頼朝論はもとより頼長《よりなが》論・通憲《みちのり》論・清盛《きよもり》論・義経《よしつね》論・義仲《よしなか》論の評伝風の人物論も展開されており興味深い。

同書第二章「諸国住人とは何ぞや」には、愛山なりの卓見も散見する。当の頼朝については「秩序なき世に始めて秩序を」与え、「天下の治安をはかるべく政治的正義を実現」したことを評価する。愛山はまた「国民新聞」（明治三十三〈一九〇〇〉年七月二十日掲載）の「史学論」（『山路愛山集』〈筑摩書房、一九六五〉所収）の一節で「近世の日本史学を開くものは水戸学なり。而して近世の日本史学を害するものも亦水戸学なり」と論じ、水戸学が有した功罪についても言及する。歴史事象についての人々の知識の共有化こそが、愛山史学の特色だった。

山路愛山（朝日新聞社）

そのなかには武士と「住人」との関係への着目があり、戦後における「住人」研究の前提となるべき視角が語られていた。* 前述の田口が語った「民の力」を体現する存在として、愛山が「住人」へ着目したことは重要だった。

こうした在野史学の流れは、竹越与三郎（三叉、一八六五〜一九五〇）の『二千五百年史』（二酉社、一九二七／のち講談社学術文庫）でも共通した。竹越は関東以北の武人勢力を「北人」と規定、かつての天皇中心の畿内以西の勢力を「南人」と称し、この両者の対抗・対立のなかに政治体制の大変革を看取する。

田口や山路と比べ、いささか筆の滑りも見られるが、ヨーロッパ史の大局を日本史にも該当させる構図の取り方は刺激的だ。鎌倉政権を「覇府」と称する竹越は、鎌倉について「実は一個の朝廷にして……ここに至って頼朝、名は征夷《せいい》大将軍たるも、この形式と実力においては天下の主権者たり。欠く所はただ一つ天皇の名のみ」（第二百九節）と論じている。そこにはゲルマン民族による西欧近代社会構築の歴史通念が投影されていると考えてよい。いわば進歩の象徴たる西欧をモデルに、日本の武家政権の成立を「北人」（武家）による「南人」（天皇・朝廷）への勝利と見通すことで、武士の台頭が改めて評価されていることがわかる**。

文明史論的発想に共通するのは、ヨーロッパとの対比を視野に入れていることだった。アジア（中国）ではなく、西欧への関心、要は脱亜入欧的視点が重なる。筆の滑りの強弱はあるにせよ、民衆・人民の代表を武士に代弁させ、社会の変革主体としてこれに着目しているわけで、在野・民間の歴史家の流れが、マルクス主義歴史学と共有される点は留意したい。

＊「住人」は戦後の領主制研究と相俟《あいま》って議論が深められた。荘郷レベルでの「住人」の呼称が、平安後期以降諸史料に登場することは、地域社会における自己主張の発露ともいえる。その背景には東国や鎮西を

含め、都鄙間の地域的偏差の消滅がある。「軍記」作品の「名乗り」の場面で、「住人」が地域名士の代名詞的役割を担った状況が生まれたことは注目され、彼ら「住人」の存在は領主・武士との関係からも無視できない。この点は拙著『武士の誕生』（日本放送出版協会、一九九九／のち講談社学術文庫）参照。また、『刀伊の入寇』（中公新書、二〇二一）等でも言及。

＊＊ このあたりの主張は、以下の文章からも推測される。「……故に頼朝の勝利は人種をもってすれば南人に対する北人の勝利なり。更に思想上よりこれをいえば武断的民主思想が、貴族的王朝思想に勝ちしなり」（第二百十節）とあることからも了解される。武士＝中等民族のその勝利を竹越は、「社会戦争」と呼称している。いささか穏当を欠く表現もあるが、興味深い指摘も少なくない。この竹越の「北人政権」論をつき詰めると、論理的には昨今の「東国国家論」にも通底する。

再発見される武士

在野史学とは同一の枠組みではないが、武士論の帰着点として、最後に原勝郎《はらかつろう》（一八七一～一九二四）、中田薫《なかだかおる》（一八七七～一九六七）の二人の議論を紹介しておく。両人に共通するのは、西欧との同居思考のための切り札として、武家のシステムと西欧の中世封建制との近似性に着目したことだった。二人の歴史家が活躍する一九〇〇年代初めは、明治末期の段階だった。原・中田の両人はともに帝国大学で、ドイツの歴史学者ルートヴィヒ・リースや重野安繹《しげのやすつぐ》らから歴史学を習得、西欧への留学経験もあった。実証史学の薫陶を受けていた二人は、わが国の中世の特色を、西欧との対比から検討しようとした。当該期、史学の流れでは「時代史」や「部門史」への関心も高まりを見せていた。

明治初期の文明史家たちは、ジェネラリストとして総合的視点で歴史を点描したが、専門的深掘りには限界もあった。けれども二十世紀初頭、原や中田のような史家たちには、専門性に立脚したスペシャリストたるところの自負があった。原勝郎『日本中世史』(冨山房、一九〇六)はまさに時代史の嚆矢《こうし》として意味を有した。同時期の内田銀蔵《うちだぎんぞう》(一八七二〜一九一九)の『日本近世史』(冨山房、一九〇三)とともに、社会文化史的名著とされる。二著の最大の特色は「中世」や「近世」の語を書名に冠したことだった。鎌倉・室町、あるいは江戸といった権力の所在云々の表記ではなく、社会史的普遍性に着目したところに新味を有した。単に政権・権力の所在地での区分ではなく、社会的趨勢と対応させた時代区分が適用されたことだった。特に「中世」なる表現には、西欧との対比がなされていたわけで、彼我の比較史的視点が重視されている。

原は帝国大学で西洋史学を学び、それへの深い造詣を前提に『日本中世史』(一九〇六)の執筆に携わったとされる(この点、土肥恒之《どひつねゆき》『西洋史学の先駆者たち』〈中央公論新社、二〇一二/のち『日本の西洋史学』に改題、講談社学術文庫〉)。わが国の室町期に焦点を据え、西欧封建社会との精神的関係性に鋭く迫ったものだった。世界史的視点から日本中世の特色が論じられており、西欧史学のエキスを咀嚼《そしゃく》したうえでアカデミズム史学と融合させた史論は、当時の歴史学界に大きな財産を提供した。

また明治後期の日本は二つの対外戦争を経験し、それが自国の歴史への洞察を深くさせた。『日本中世史』もそうした時代の空気と無縁ではなかった。

中田薫（朝日新聞社）

その点では西欧の比較法制史の分野に巨大な足跡を残した中田薫も同様だった。帝国大学法学部で学んだ中田は西欧留学をへて、原とは異なる視点で日本の封建制の特質を論じた。例えば「「コムメンダチオ」と名簿《みょうぶ》捧呈の式」〈『法学協会雑誌』二十四、一九〇六／のち『法制史論集』第二巻〈岩波書店〉に所収〉がそれだ。そこでは中世武士の所領の在り方と西欧社会の封建制のシステムの類似性に着目し、そのうえでわが国の中世と西欧との同居性に言及している。

中田の比較法制史の背景にあるのは、「日本の発見」に繋がる強いナショナリズムだった。他国との対比のなかで、自国を世界と平準化・一体化するための論を提供した。別言すればそれは、中世という時代を介した彼我の共通性と異質性への強固な意識だった。〝武士の見られ方〟云々でいえば、「鎌倉時代の地頭職は官職に非ず」〈『国家学会雑誌』二十一、一九〇七／のち『法制史論集』〈前掲〉

に所収）が最も著名なものであろう。そこでは所職《しょしき》の不動産物権化への道筋を論じ、その中核ともいうべき地頭論は、武士と封建制とのかかわりもふくめ、有益な議論を提供することになった。

とりわけ中田の鎌倉幕府にかかる見解は、前述の田口の『日本開化小史』が伝える文明史論とも通底する要素がふくまれていた。文明史論は武士の勢力の成長から「進歩」の概念を見いだしたが、中田の所論もその点では共通する。西欧社会を射程に据えたその議論には、頼朝への興味深い点も指摘されていた。鎌倉政権の成立を粗野なゲルマン世界から誕生したフランク王国と対比する立場も語られていた。

中田薫は武家政権を誕生させた東国を、西欧の原郷たるゲルマン世界に対比させ、鎌倉殿・頼朝を、京都の天皇に比されるべき立場と解した。そこには明らかに、東国を中央の権力に包摂され得ない、独立した武家政権とする認識がはたらいていた。

原勝郎や中田薫が有した歴史観には、わが国の武家社会が土台とした封建制を西欧参入への〝切り札〟とする理解があった。

それは実証云々とは別に、あくまでムードとして、西欧参入のための〝青い鳥〟とする、という面もあった。比較法制史家たちの内奥には、封建制という〝青い鳥〟を見いだす思考が存していた。*

それでは〝青い鳥〟とは何であったか。それは西欧諸国がいち早く二つの革命（政治レベルでの市民革命、経済レベルでの産業革命）を体験することで、列強諸国として君臨している現実、その現実を直視することで、列強が経験した封建制と同等のシステムをわが国の武家政権も有していたと認識することだった。当然ながら西欧との同居性への拘《こだわ》りは、わが国がアジアにあって、非アジア（脱亜）であるとの証明を希求したことによる。封建制は、後発の日本が西欧を追体験するための、歴史的道標として作用した。日本における「中世の発見」と武士との関係には、およそ右のような理解があったことは、改めて確認されるべきだろう（この点、石井進《いしいすすむ》『石井進著作集』〈岩波書店〉も参照）。

＊ 封建制の語は、既述のように中国的統治の方式を示すものと、西欧的フューダリズムの訳語としての両者の意味合いがあった。原や中田が語る封建制は後者に位置づけられる（田口や後述の重野の場合の「封建」の用法では西欧概念が定着しておらず、中国的理念と重なっていた。論じるほどに武家社会でのシステムは中国的理念としての封建制と類似していた）。中国的用法のそれは中央集権的な郡県制との対比にもとづくもので、権力の分散を前提とした。この封建と郡県の両者は、二つの旋律として歴代中国王朝の統治を規定したものだった。

他方、西欧的なフューダリズムの訳語としての「封建制」の場合、超歴史的用法ではなく歴史的概念であり、中世固有の社会システムたるところに特色を有した。とはいえ、「封建」の語が具有する権力の分散性

（分権性）は、武士の時代たる日本の中世に一致を見たが故に、西欧概念との混用をもたらした。

〝青い鳥〟をめぐるアナザーストーリー

以下では〝武士の見られ方〟に関して、グローバルスタンダード、すなわち「世界標準型」を尺度に総括的に語っておく。前述したように一九〇〇年代、明治末から大正期のわが国の歴史学界にあっては、「武士」を〝正の遺産〟と認識する立場が一般化する。明治初期の文明史論的視座においては武士なり武家は〝人知〟〝人力〟の総和として、民族の自立に資する役割を担うものと解された。武士の有した土地への執着なり、地域有力者たる「住人」への着目も、そうした傾きのなかで語られてきた。福沢・田口・山路・竹越等々の文明史論はそうであった。

彼ら在野の史学者たちの意識の光源は、西欧精神の卓越性にあった。それをアカデミックの立場から実証レベルで深めたのが、明治後期の西欧に留学経験をもつ原や中田たちだった。それらの流れは、辺境＝東国から出発した武士の存在は〝粗にして野なれど、卑ではない〟という自立力への評価だった。

西欧における騎士道とわが国の武士道との類似性は、西欧の雛型《ひながた》を日本に当てはめようとするおりには、最もわかり易いイメージを提供したのだろう。既述のように文明史論者が高唱した「知力」、その「知力」による人格的自立性、これが典型化された「武士」という発想だった。そうした文明史での土壌を中世史学は、原や中田らの実証という手法で耕されることで、アカデミックな方向へと武士研究を導いていった。それを深掘りさせたのは武士の構成する社会経済システムへの関心だった。当該期ドイツに留学していた福田徳三《ふくだとくぞう》（一八七四〜一九三〇）の『日本経済史論』（一九〇〇）の封建社会に関する言説には、西欧封建制が福田に与えたインパクトも伝えられている（この点、拙著『戦前・武士団研究史』〈前掲〉）。

これらの研究により武士社会・経済、さらに法制の諸システムが西欧封建制と類似するとの理解は、わが国の歴史学界での通念となった。これらの研究者たちに共通するのは、日本を対外的視点から認識するという立場だった。グローバルスタンダードに向けてわが国の歴史の来歴を考える——その参照軸が西欧の封建制だった。それは東アジア世界に位置したわが国が、隣国の中国や朝鮮と異なる道程を歴史のなかで展開したこと——「日本の発見」に他ならなかった。

そして、その「世界標準型」をさらに普遍化すれば、唯物史観に立脚したマルクス主義歴史学とも一脈通ずることになる。文明史—在野史学は、時として体制に対して毒をも含む批判的精神性を宿すことになった。〝他者〟としての武士には、体制批判の側面が与えられる。中世という新しい時代の画期に寄与した武士とは、それ自体が新時代の創造者たり得たとの解釈である。

かかる認識が一般化されたとき、唯物史観の立場から「武士」や「武家」にはさらに別の役割が担わされることになる。天皇を超えるべき、体制外の変革者たる立場である。かつては西欧封建制との同居性を示すための〝青い鳥〟であった武士は、体制内の位置づけを超えて天皇・朝廷に敵対すべき存在としての役割を付与されることになる。世界史の基本法則への準拠という面でいえば、天皇を相対化させる〝青い鳥〟としても作用することになった。

ここに至って、武士観の二つの足跡を知り得ることになる。一つは入欧思考にともなう、封建制と共存するための切り札として。そしてもう一つが、唯物史観が提示する体制解体の変革主体として、武士を措定《そてい》する考え方だ。日本の歴史にあって現実には〝体制内〟野党としての立場を担った武士に、改めて〝体制外〟の方向を与えようとしたことになる。

〝日本〟の発見と天皇

われわれは、これまで近代史学史での武家や武士の〝見られ方〟についてながめてきた。それは総じて中世が〝西洋〟と等置される内容を有した――そうした流れからすれば、〝西洋〟の発見とも約言できる。

この流れは近代明治国家がスローガンとした、「開国和親」と点線ながら繋がる。グローバリズム(文明主義)と近似する。だが、前述したようにもう一つの方向もあった。「王政復古」である。こちらはローカリズム(文化主義)的思考を前提としたので、当然ながら天皇との関係性に比重が置かれた。

以下では選択されるべき対象としての天皇、その天皇の〝見られ方〟について、武士との対比から史学史的にながめておく。それは〝日本〟の発見とも約言できよう。発見されるべき〝日本〟とは〝天皇〟とも等置できる。その流れは脱亜入欧的視点のなかで、日本の特殊性へ着目することから始まった。かつての文明的・在野的思考とは別立ての認識がそこに反映されている。

明治後期以降に経験した対外戦争を介し醸成された入欧観のなかで、アジア諸国に先ずる形で達成された立憲国家の樹立は、この入欧観念に拍車をかけ、わが国が天皇というシステムを保持し続けたことへの評価に連動した。西欧中世との同居性が話題だった段階では、まずは「武家」なり「武士」が注目された。そうした時代意識の変化にともない、日本回帰の自覚化が促進され、〝世界のなかでの日本〟へ着目がなされる。「日本の発見」とは、天皇を意味した。その「日本」の、あるいは「天皇」への着目は、明治以前の江戸期に遡《さかのぼ》る。この点については、以前にふれた『大日本史』の遺産という観点から考えておこう。

三、再びの武家か、天皇か

「奪ったのか」「委ねられたのか」

「日本」を史書のレベルで強く流布させたのが、近世史論界の雄『大日本史』*だ。同書の最大の眼目は、武家政権（幕府）と天皇の関係が提案されている点だった。このあたりは新井白石『読史余論』との対比からも明らかだ。白石の「九変五変」観による武家観とは異なり、朝廷・天皇による大政委任という考え方が語られている。天皇と武家との相互関係については、天皇を上位にみなす論が説かれていた。その点で、武家は朝廷・天皇による政治権力の委任があって、正当なる権力たり得たとの理解に立つ。つまり大義名分論の延長線上にある大政委任の考え方に繋がっていく。

『大日本史』では「幕府」なる概念も、天皇（朝廷）による官職を介しての任命を前提とした、制度的呼称に由来するとの理解だった。その点では武家を「幕府」と呼称すること自体、天皇を頂点とする権力大系の一翼に武家が存在するとの立場となる。『読史余論』的解釈と『大日本史』

の「幕府」観は必ずしも一致しない。なぜなら白石的理解にあっては、武家が天皇・朝廷を吸収するとの立場である以上、天皇の位置づけは異なる。有《あ》り体《てい》にいえば、「奪ったのか」「委ねられたのか」ということになる。武家の権力的位置が圧倒的な江戸前期は、天皇からの権力簒奪論が比重を占める。『読史余論』の立場がそれだ。そして武家の立ち位置が少しく変化する後期に至り、水戸学および国学の隆盛のなかで、天皇からの権力容認論が主要な流れとなる。

近代明治の武家観や天皇観もそのなかで推移する。後述する明治中期に本格化する官学アカデミズムは、多くは近世後期に練度を高めた天皇主体の委任論をメインストリームとする。近代明治の漢学・国学系の流れに属する史論書は、この『大日本史』を継承することで、〝嫡流《ちゃくりゅう》〟の位置をたしかなものとした。一方で原、中田らが牽引した考証・実証を旨とするアカデミズム史学の場合、「論」より「証拠」が重視された。

官学アカデミズムの初期の史書として知られる重野安繹らが執筆した『国史眼《こくしがん》』（大成館、一八九〇）などは、西欧史学の移植・導入もはかりつつ、底流には『大日本史』の影響も残されていた。

＊『大日本史』は水戸藩の徳川光圀により始められた史書で、南北朝の最後の天皇・後小松に至る歴史を

紀伝体で叙述、十七世紀の明暦《めいれき》年間に編纂開始。中断をはさみ寛政《かんせい》年間（一七八九～一八〇一）に再開、完成は明治の後半だった。広範な史料収集と史書の考証を旨とし、皇統を明らかにすることで後醍醐天皇の南朝を正統とした。その編纂を介し形成された尊王論は、幕末の政治思想と運動に大きく影響を与えた。編纂事業中断後の後期は、徳川斉昭《なりあき》の藩政改革を契機に理論化が進展、この段階のものについては、「水戸学」あるいは「天保学」と呼称されている。

官学史学の天皇観――『国史眼』

「王政復古」を出生証とした明治国家は、天皇の存在を歴史に問いかけた。その〝納め所〟を巧みに用意することで、武家に対峙《たいじ》し得る論理を構築したのである。その点では「大政委任」論と「幕府」の論理は、まさに表裏一体の関係性を有したことになる。幕府の語感にはそうした面がある。天皇・朝廷を上位に設定した結果が「幕府」概念の誕生に繋がった。

そうした幕府観は近代史学にも継承された。近代史学の嫡流に位置した官学史学の流れには、その幕府観が投影されている。一国史レベルでの盛衰をひもとく官学史学は、かつての『大日本史』の良質な遺産も受け継いでいた。明治二十年代前半に誕生した帝国大学の国史学科は、近代史学の土台となった。そこで培われた伝統的歴史認識とは、江戸期の漢学、とりわけ清《しん》朝考証学の影響に加え、明治期の西欧実証主義を養分としつつ形成されたものだ。

重野安繹・久米《くめ》邦武《くにたけ》・星野《ほしの》恒《ひさし》編『国史眼（全七巻）』（前掲）はその代表といえる。重野や久米は昌平坂《しょうへいざか》学問所に学んだ史家で、創設期の国史学科に寄与した。『国史眼』はその帝大国史学科での学生用テキストとして使用された。その内容は考証・実証を主軸に、日本の歴史の総合化を試みたものだった。その叙述には過度の国粋的な発想が提示されているわけでもない。観念を排した節度ある叙述で、通史・通説としての位置が与えられている。

冒頭には「歴朝一覧」（歴代天皇一覧）が提示されるなど、「王政復古」を出生証とした明治国家の方向性が体現されているものの、それ以上のものではない。

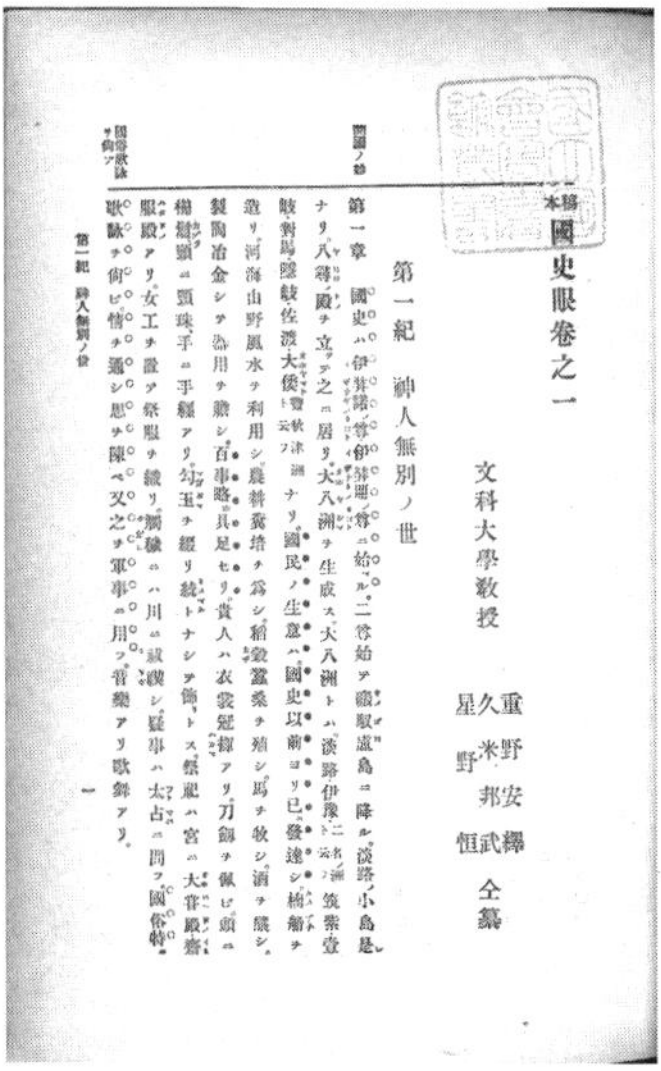
國史眼卷之一

文科大學教授 重野安繹 久米邦武 星野恒 全纂

第一紀 神人無別ノ世

第一章 國史ハ伊弉諾尊伊弉册尊ニ始ル。二尊始テ磤馭盧島ニ降ル。淡路ノ小島是ナリ。八尋殿ヲ立テ之ニ居リ。大八洲ヲ生成ス。大八洲トハ淡路伊豫（二名ノ洲ト云フ）筑紫壹岐對馬隱岐佐渡大倭（豐秋津洲ト云フ）ナリ。國民ノ生意ハ國史以前ヨリ已ニ發達シ。楠船ヲ造リ河海山野風水ヲ利用シ農耕養蠶ヲ爲シ稻穀蠶桑ヲ殖シ馬ヲ牧シ酒ヲ釀シ。製陶冶金シテ器用ヲ辦シ百事略ホ具足セリ。貴人ハ衣裳髻鬘アリ刀劔ヲ佩ビ頭ニ…顯ニ頸珠手ニ手纒アリ勾玉ヲ綴リ統トナシテ飾トス。祭祀ハ宮ニ大嘗殿齋服殿アリ。女工ヲ置テ祭服ヲ織リ。禍穢ニハ川ニ祓禊シ疑事ハ太古ニ問フ。國俗特ニ歌詠ヲ御ビ情ヲ通シ思ヲ陳ベ又之ヲ軍事ニ用フ。音樂アリ歌舞アリ。

國民ノ生意

國俗歌詠ヲ御ブ

第一紀 神人無別ノ世 一

『国史眼』（国立国会図書館蔵）

一～七巻を通じ、神話時代から徳川時代に至る大局が叙述されている。官学史学は、その流れで通史の位置を与えられる。「標準的な日本通史」の要請に資するためのスタンダード版のテキスト、それが『国史眼』だった。漢学派の泰斗と目され「抹殺博士」の異名をとった重野も、史実と虚構の別を意識することで、通俗的な外史や〝野史〟の類いから距離を保とうとした。『太平記』に登場する児島高徳《じまたかのり》の一件はその好例だろう。この人物はよく知られるように、後醍醐天皇の建武新政に尽力したとされ、南朝の忠臣として知られる。だが重野たちは当該期の古文書・古記録などの一級史料にその高徳の活動は見られないことから、実在性に疑義を呈したのだった。そこから『太平記』の虚構性にも言及、その叙述を鵜呑《うの》みにすることの危険性が説かれた。

重野安繹(国立国会図書館)

一方で天皇と武家との位置づけに関しては、「大政委任」論が継承されている。武家(幕府)についても、天皇大権の委譲・委任で実現するとの解釈であり、幕末以来の一般的な理解が語られている。そこでは、かつて徳川の政権全盛期に提示された『読史余論』的な武家による天皇・朝廷権力の接収論、あるいは簒奪論的視点は採られていない。

白石の「九変五変」観は、武家が〝此岸〟であり、天皇は〝彼岸〟として解されていた。他方、幕末から明治期での主要な潮流たる大政委任観の流れは、天皇の存在が〝此岸〟であり、武家は〝彼岸〟に位置づけられている。つまり『国史眼』も、当該期での時代性から自由ではなかったことになる。
『国史眼』の編者の一人で筆禍事件の当事者たる久米邦武の場合もそうだ。「神道ハ祭天ノ古俗」なる論文は、実証への傾きを強めた官学史学が宗教的信念と対立、挫折した事件だった。*さらに喜田貞吉《きださきち》がかかわった国定教科書での南北朝正閏問題の場合もそうであった。明治の末期に教育界・学界を巻き込むこの事件は、天皇の皇統に連動するテーマであっただけに、官学史学のその後の行方を左右することとなった。

＊ 久米邦武（一八三九〜一九三一）は「太平記ハ史学ニ益ナシ」（『史学会雑誌』二―一六・一八・二〇〜二二号、一八九一）と主張し、その刺激的論題も手伝って話題となった。史実と虚構の区別を説くその観点は、官学史学の立場を鮮明に伝えるものだった。久米は、同時期『史学会雑誌』に「神道ハ祭天ノ古俗」（同二―二三・二四・二五号、一八九一）なる論文を掲載した。神道の源流を文明史的視点から論じたものだったが、学問レベルでのその叙述が、当時の神道家からの反発を招き、久米は帝国大学の職を辞することになる。最終的に神道の有した習俗性を主張したために、天皇と神との同居性を説く立場からは反発を招くこととなったのである。

喜田貞吉（東北大学史料館）

南北朝正閏論争と天皇観

〝天皇の見られ方〟を考えるうえで、最後に指摘できるのが、前項でふれた南北朝正閏問題だ*。久米事件と並ぶ大きな事件だった。喜田貞吉（一八七一～一九三九）は『国史眼』の薫陶を受けた歴史家だった。原勝郎や後述する黒板勝美《くろいたかつみ》と同世代に属した。明治末年の国定教科書制度下で勃発した、南北両朝の表記が問題視され、その責任を問われ教科書の文部省編修官を休職となる事態に追い込まれた。重要なのは、学問レベルで取り沙汰されることがなかった南北朝の併立表記が、当該の明治末期に、改めて問題視されたことだ。

十四世紀の元弘・建武の乱をへて、わが国の中世は南北朝の動乱へと突入する。後醍醐天皇以降、吉野と京都にあって二つの皇統が分立する事態が進行する。史実として南北両朝の対立の時代が半世紀におよぶ。この記述ぶりは江戸期の史論書でもおおむね共通した。

ただし、江戸前期の『読史余論』などではこの両朝の存在は、武家が朝廷（天皇）権力を接収する、という構図から解釈がなされていた。現実の天皇の力は、その後醍醐の時代で終焉を迎えたとの理解だった。白石の「九変五変」観の眼目が、武家による朝廷接収論として位置づけられている以上、当然の流れだった。したがって南朝（吉野）への着目と併せて二つの皇統が注目された背景には、江戸後期以降の国学の隆盛があった。

『大日本史』での南北両朝の正閏については、史実重視の官学史学の立場からは採用されず、両朝の分立という史実のみを示す立場だった。この流れは前述の『国史眼』も同様であり、在野史学とも共通していた。けれども、明治末期の段階になると、〝学問〟とは異なる〝教育〟という回路から南北朝の表記が問題化した。国定教科書にあっては、わが国の皇統が二つに分立していたことを、幼少期に教えることの是非が問題視された。

かつての久米事件は神道家サイド、信念・宗教的要素にかかわる問題から生じたが、この喜田事件では教育的要素と連動していた。その帰着点はいずれも〝天皇〟だった。この事件に巻き込まれた喜田の立場は「それが本来いかにあったか」という歴史学＝実証主義の原点からすれば、学問に裏打ちされた考え方に拠っていた。その限りでは教科書としての見識を示すものだった。＊＊

けれども「教科書の見識とは何か」という本質的議論にあっては、〝見識〟の尺度は学界と教育界では異なったことになる。教育界でのこうした不幸な事件はあったものの、学問レベルでは南北朝分立の表記がそのまま通用したことに変わりはなかった。けれども当の官学史学にあっても、天皇観への温度差が次第に明瞭となる。

＊　事件の中身を事典風に記せば、「南北両皇統のどちらを正統とするかをめぐる論争。明治四十四（一九一一）年、国定教科書に南北朝を対等に記述していることが、帝国議会で問題化した事件」ということになる。この事件は幸徳秋水《こうとくしゅうすい》らの「大逆事件」と同じ時期に起こった。天皇暗殺未遂事件と報ぜられたこの事件は、「人民の国」を創建し、天皇や国家を相対化する意識から起こった。そうした背景が重なったことで久米、喜田の事件が起こったことは否定できない。南北朝事件の拡大の発端は、読売新聞に載せられた社説「南北朝対立問題　国定教科書の失態」（明治四十四年一月十九日）の記事からだった。それは、文部省編修官（執筆・喜田貞吉）の『尋常小学日本歴史』の叙述への批判からだった。
「……両朝の対立をしも許さば、国家の既に分裂したること、灼然《しゃくぜん》火を睹《み》るよりも明《あきら》かに……何ぞ文部側主張の如く『一時の変態』として之を看過するを得んや」

これが契機となり、政治問題へと拡大した。結果は教科書の改訂、及び編修官・喜田貞吉の休職という形で決着する。回収後の新たなる叙述では「南北朝」は消え、「吉野朝」との表記となる（拙著『国史』の誕生』〈前掲〉）。
＊＊　当時、文部省には教科用図書調査委員会が設けられていた。歴史部会の委員として三上参次《みかみさんじ》（一八六五〜一九三九）、田中義成《たなかよしなり》（一八六〇〜一九一九）などがおり、喜田は彼らと相談しつつ、『大日本史料』方式に即し、史料主義に立脚した方針（南朝期に正閏を立てない）で臨んでいた。田中は名著『南北朝時代史』（明治書院、一九二二）で知られる実証主義の大家だった。

官学史学の最終ランナー　――黒板史学の天皇観

通史の叙述という意味では、官学史学での『国史眼』からの嫡流のバトンは黒板勝美（一八七四〜一九四六）に渡された。戦前の歴史学界にあって、最終ランナーとも評される史家である。その著『国史の研究（全三巻）』（岩波書店、一九三一〜一九三六）は、古文書学や史料論、さらに史学研究法など多岐にわたる内容を有し、官学実証主義の到達点が示されている。＊黒板の学問的立場は他に譲るとして、その学説は史学史上の〝分水嶺〟に位置づけられている。

黒板勝美（朝日新聞社）

黒板が活躍した大正・昭和戦前期は、例の南北朝正閏問題にも象徴されるように、天皇への傾きが歴史教育をふくめ、次第に強くなっていった。実証的な方向を保持しつつも、国体論（天皇史観・皇国史観）の片鱗《へんりん》が認められる。『国史の研究』の叙述ぶりにも右のことが垣間見られる。例えば喜田事件後の教育界での「吉野朝」時代の採用は、当の学問レベルでも浸透するに至った。『国史の研究』でも、その「吉野朝」が採用されている。黒板は実証主義の洗礼を受けた研究者ではあるが、時代の風をふくんだ保守的歴史観が随所に見られる。例えば後醍醐・後村上の時代を「皇家中興時代」として、それを「正中元弘時代」「京都親政時代」「南方巡狩時代」の三段階に区分する。現今では「建武新政」から「南北朝動乱」の叙述内容に相当するものだ。通史的時間軸からすれば、短期の歴史過程を独立させ独自の章立てをほどこすなど、南朝正統論の立場が表明されている。また、「至尊」意識を濃厚にもった黒板は、従来から多くの史書で一般的だった「承久の乱」についても、「承久の変」と表記。その歴史用語の用い方に歴史家としての認識が表明されている。

ちなみに『国史の研究』の書名にもある「国史」の語感についても付言しておく。「国史」に付着する観念に、皇国史観への親近感は否めない。一般に南北朝問題が話題となった明治末期の国定教科書では『小学日本歴史』と表題があるように、初期の段階には「国史」云々の表現はない。「国史」の定着は、大正期・昭和戦前期段階であった。「初等科国史」等々の名称がそれだ。

元来、「国史」は明治二十年代前半に帝国大学内に「史学科」と「国史学科」が設置されたが、前者は西洋史、後者は日本史との区分だった。前述の『国史眼』の表題も国史学科のテキストと対応するなかで用いられたもので、そこに天皇中心史観があったわけではない。江戸期でも林家の『本朝通鑑』の編纂にあたっての副産物として『国史館日録』**などの書名もあるように、本来は「国史」の語感に天皇への親和性を前提とする見方は正しくない。官立の「正史」と同義の意だった。ただし明治末期以降、特に教育レベルで用いる「国史」には、「正史」云々とは別に、国家主義的観念と同居した側面が強くなった点は否めない。黒板の『国史の研究』にもその傾向がある。

＊『国史の研究』（前掲）では、神代から明治維新におよぶ歴史の流れを個人で叙したという点で、黒板は史学史上、指を屈するに値する仕事をなした史家といえる。「神代」（各説上巻 第一章）と「明治維新」（同下巻 第十二章）を除き、黒板が示した区分は「公家時代」「武家時代」に大別され、後者はさらに平氏政権から鎌倉滅亡に至る「古武家時代」、さらに「皇家中興時代」をはさみ室町時代に至る「中武家時代」、最後が「群雄争覇時代」以降、織田・豊臣そして徳川時代におよぶ「新武家時代」という構成だった。

＊＊ 国史館は『本朝通鑑』編纂のために設けられた幕府の施設。中国の宋《そう》朝時代以降に「正史」編纂の国史院が、さらに清朝の時代に国史館が設けられることに倣ったもので、編纂の中心者たる林鵞峰《はやしがほう》の日記を『国史館日録』と称した。

再び「武家か 天皇か」

われわれは、中世日本が権力主体の選択を迫った問題——すなわち権力システムとしての武家と天皇の問題は時代を超えて近代国家の権力構想に繋がっていたことを確認した。近代における武家なり武士の、そして天皇の認識のされ方を考えてきた。本書は中世に登場した武家の権力がいかなる経緯で、権力の基軸をなすに至ったか、そのために二つの内乱を俎上《そじょう》に議論を進めてきた。

中世は最終的に武家が「幕府」というシステムのなかで、天皇（朝廷）を温存させつつ、形式上は公武合体――時代による強弱はあるにしても――として推移した。実態として現実には中世から近世の社会は、その武家が「至強」たる立場で、実権を掌握していた。

ただし、観念としては天皇・朝廷を軸（京都）とした円と、武家を軸（鎌倉・江戸）とした円が併存しつつ時代を構成した。前近代での双軸的楕円構造の権威・権力上のシステムこそが、公武合体の内実でもあった。この点に関しては異論もあろうが、武家なり武士の存在が東アジア型権力システムとは異なるスタイルを提供したことは疑いない。

近世徳川期――武家が京都朝廷をも治世下にした段階は、白石の『読史余論』が語るように、武家一元論（武朝）思考のなかで、かつての天皇の王朝が武家に吸収されたとの見方が、通念とされていた。この白石の歴史観は、徳川体制に至る流れを俯瞰《ふかん》するさいには、重要な見方を提供した。けれども近世後期には、権威としての天皇（朝廷）に対する認識が高揚、それが国学なり漢学なりの思考回路をへて、公武の位相が改めて議論されるところとなった。

江戸前期の白石の『読史余論』にあっては〝天皇の始末のつけ方〟が問題とされた。けれども江戸後期の天皇・朝廷水位の高まりのなかで、〝武家の始末のつけ方〟がテーマとなっていった。「大政委任」論とはこうしたなかで提案されたものだった。

そして、われわれは近代国家のグランドデザインにさいしても、その「武家か 天皇か」の問題は賞味期限が過ぎていないことを確認した。そのなかでグローバリズムに立脚した文明史論━在野史学の流れは、アプローチは異なるにしろ、武士や武家台頭の時代を、西欧の中世と同一化する切り札として作用したことを確認した。そして、グローバリズムの帰着先には、武家を変革・革命の主体と解する唯物史観のような立場も登場するに至った。

戦後昭和期におけるマルクス主義歴史学にあっては、武士は古代以来の天皇権力打倒のシンボルとして、認識されるに至った。石母田正『中世的世界の形成』(前掲)に見られる頼朝の鎌倉幕府への期待観はそれを語っていた。* マルクス主義歴史学にあっては、天皇の存在により規定された日本歴史の特殊性を、否定することが主題とされた。「世界史の基本原則」の日本への適用・貫徹が眼目とされたからだ。

武士の存在とは、かつて明治後期に在野史学の山路愛山や原勝郎、中田薫などの官学比較史学の立場が提示したように、それは「世界」に向けての発信装置としての役割を担った。それ故に石母田が中田薫の地頭論に依拠することで、中世国家像をスケッチしようとしたのも理由のないことではなかった。** 武士・武家はそのグローバル的視座の到着点として、唯物史観と連動することになる。近代における武士の発見とは、西欧との同居性を求めるための切り札のみならず、革命・変革の担い手たる期待値とも重なった。マルクス主義歴史学が「武士の発見」へ期待したものはそれであった。

そして、それと真逆にあるのが「天皇の発見」である。

おさらい風に指摘すれば、近世後期の『大日本史』、とりわけ〝天保学〟と呼称された尊王観にはそれが顕著だった。明治近代がスローガンの一つとした「王政復古」の政治理念は、文明史なり在野史学派の流れとは別に、官学史学のなかに継承されることになる。ただしアカデミズムでの実証主義を標榜する官学派の立場は既述したように、漢学の嫡流を自任しつつ水戸学（天保学）的国体思考から一定の距離を保つ形で、近代史学の脊梁《せきりょう》を形成した。

このあたりの学史的流れについては別に譲りたいが、本書の主題とのかかわりでいえば、その官学アカデミズム派は、幕末の清朝考証学や明治以降の西欧実証主義を土台にしたため、天皇あるいは武家への〝過度〟な思い込みを否定したところに特色を有した。重野安繹以下の『国史眼』の叙述などを見る限り、そうした傾向も指摘できる。

『国史眼』の著者の一人、久米邦武も実証の手法を通じ、観念に流されない立場で、学問の自立に向けた議論を提供した。久米の筆禍事件は、そうした歴史学の自立志向が遭遇させた事件といえる。いずれにしても官学史学は在野史学と同様に、天皇との距離云々からはそれなりの立場を保持していた。

だが、在野史学がグローバリズムの延長として武士を発見したとすれば、官学史学の流れは明治末から大正期にかけて、天皇への傾斜を深める。官学史学の泰斗、黒板勝美『国史の研究』（一九〇八）には、そうした底流が宿されていた。

ただし官学史学の嫡流を以《も》って任ずる黒板には、天皇と武士それぞれの見いだし方については、ある種の中立性への忖度《そんたく》があった。しかし、昭和戦前期に至ると、天皇観への強固な読み直しがなされた。平泉澄《ひらいずみきよし》（一八九五〜一九八四）による一連の諸研究に見られる、皇国史観と呼称される流れが現出する。それはナショナリズムという一国主義と連動する傾向が強いが、そこには天皇というシステムが有する独自性への着目があった。〝世界と同化しない〟ための切り札として天皇が認識されることになる。

対して武士は〝世界と同化する〟ためのエースだったといえる。インターナショナルという対外的関係性で、武士を横軸のベクトル的延長のなかに据えて〝革命の聖地〟たるヨーロッパを見いだそうとした。天皇は垂直軸のベクトルのなかで、ナショナリズムの発露と連動したことになろう。

＊『中世的世界の形成』はよく知られているように、伊賀国黒田荘《くろだのしょう》を舞台に展開される荘園領主（東大寺）との抗争主体を領主＝武士に設定、その対抗関係から古代―中世への転換を考えようとするものだ。公家＝貴族的世界を圧倒するプロセスを武士・武家の役割と認定したものだった。武士という新しいエネルギーによって中世は誕生し、その流れに封建的支配への移行があるとの立場であった。この点は石母田の頼朝への評価にも連動した。

「彼（頼朝）は武士階級の継承者として、また中世的段階の体現者として卓越しているが……（中略）……しかし政治家としての偉大さはその代表する階級の後れた水準と傾向を一歩超克することになければならない。われわれは頼朝の本所勢力に対する政策を幕府の構造から見ても、勢力間の力関係から見ても、また政治的観点より見ても、これをやむを得ない必然として合理化することの出来ないのを感ずる」（東京大学出版会刊の同書一七四ページ）とあり、頼朝について階級の体現者たる立場への自覚が欠如、との指摘がなされている。そこに過剰ともいえる石母田の頼朝への期待値を読み取ることが可能だろう。古代の解放者として朝廷・天皇をも打倒し得る、頼朝への期待である。それは武士や武士団へのシンパシーであり、その延長には天皇制をも打倒し得たとの願望が宿されていた。石母田にとって武士は人民（民衆）の代表者に他ならなかった。本論でもふれたように、唯物史観に立脚した石母田の武士論は、マルクス主義という〝世界標準時〟のチャンネルからは好都合といえた（この点、拙稿「中世史学史の点と線」〈前掲〉参照）。その点ではマルクス主義の立場からも武士の存在はやはり希望の〝青い鳥〟であったことに変わりはなかった。ただし、戦後の一九八〇年代に入るとわが国が武士を持ったことの不幸、すなわち〝負の遺産〟についての言及がなされるに至る。武士の有した尚武的要素が軍国主義の助長に繫がった、との見方も提示された（入間田宣夫《いるまだのぶお》

「守護・地頭と領主制」〈歴史学研究会・日本史研究会編『講座日本歴史3　中世1』東京大学出版会、一九八四〉を参照)。ある意味で、それは〝青い鳥〟として求められた武士像に変更を迫ることになる。

＊＊　比較法制史家の中田薫の学説が、石母田の唯物史観に部分的(特に守護地頭論)に継承されやすかったのは、普遍性のなかでわが国の歴史を展望しようとしたことが大きい。一方で、石母田はその立論のなかで、清水三男《しみずみつお》(「国衙領と武士」『史林』二七―四、史学研究会、一九四二)や牧健二《まきけんじ》(『日本封建制度成立史』弘文堂書房、一九三五)の学説を批判した。彼らの主張は〝普遍性〟よりも〝特殊性〟へ比重がおかれていたからだ。

歴代天皇の系図 (系図Ⅰ)

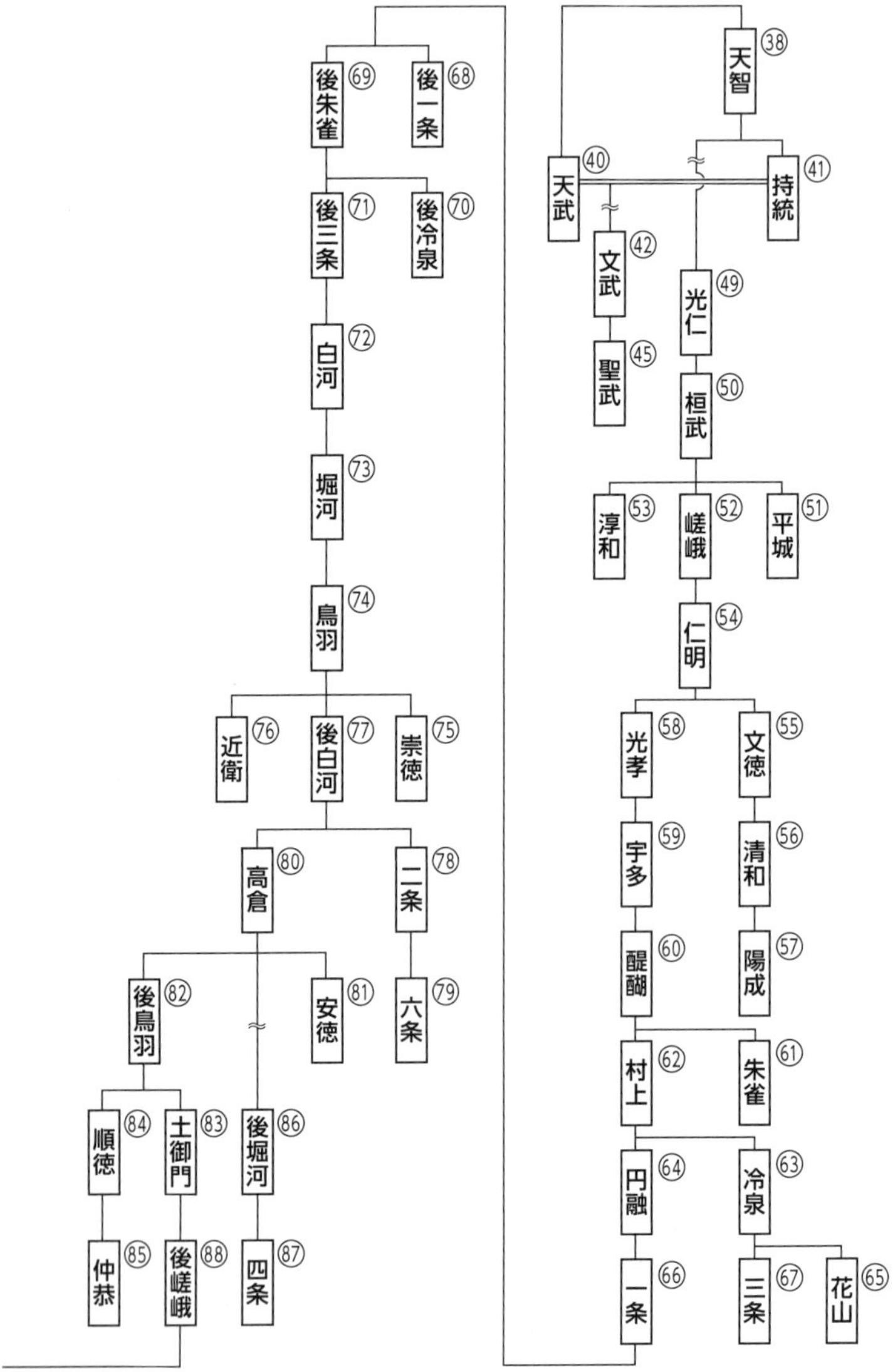

天智 38
天武 40
持統 41
文武 42
聖武 45
光仁 49
桓武 50
平城 51
嵯峨 52
淳和 53
仁明 54
文徳 55
清和 56
陽成 57
光孝 58
宇多 59
醍醐 60
朱雀 61
村上 62
冷泉 63
円融 64
花山 65
一条 66
三条 67
後一条 68
後朱雀 69
後冷泉 70
後三条 71
白河 72
堀河 73
鳥羽 74
崇徳 75
近衛 76
後白河 77
二条 78
六条 79
高倉 80
安徳 81
後鳥羽 82
土御門 83
順徳 84
仲恭 85
後堀河 86
四条 87
後嵯峨 88

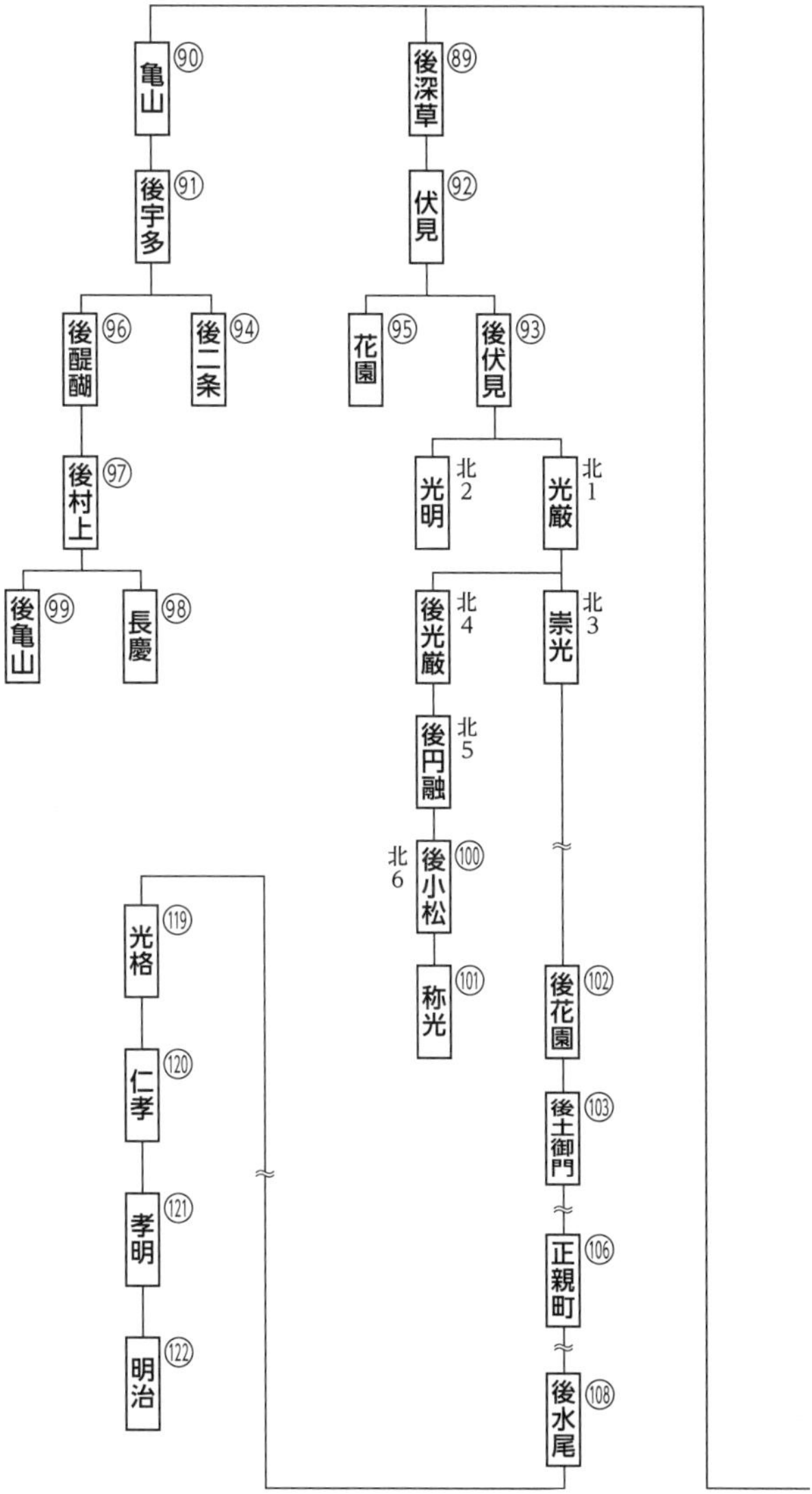
後深草⑧⑨
亀山⑨⓪
後宇多⑨①
伏見⑨②
後伏見⑨③
後二条⑨④
花園⑨⑤
後醍醐⑨⑥
後村上⑨⑦
長慶⑨⑧
後亀山⑨⑨
光厳 北1
光明 北2
崇光 北3
後光厳 北4
後円融 北5
後小松⑩⓪ 北6
称光⑩①
後花園⑩②
後土御門⑩③
正親町⑩⑥
後水尾⑩⑧
光格⑪⑨
仁孝⑫⓪
孝明⑫①
明治⑫②

※数字は皇位継承順

藤原氏系図

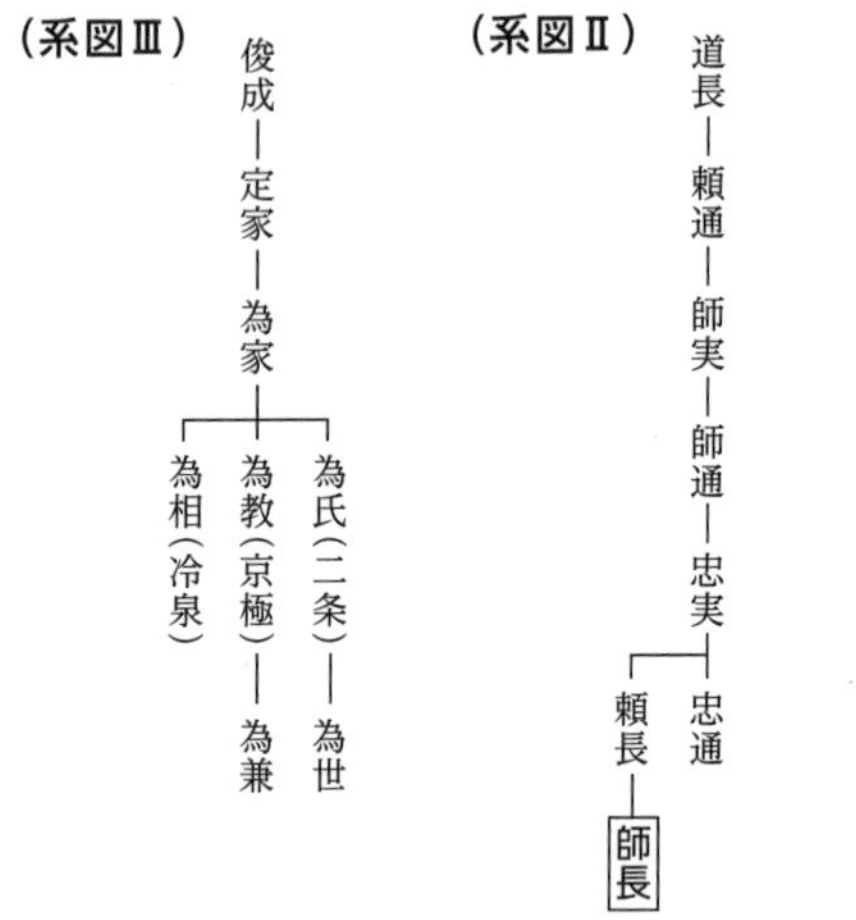
（系図Ⅱ）
道長
頼通
師実
師通
忠実
忠通
頼長
師長
（系図Ⅲ）
俊成
定家
為家
為氏（二条）
為世
為教（京極）
為兼
為相（冷泉）

平氏、源氏、天皇家の系図（源平争乱期）（系図Ⅳ）

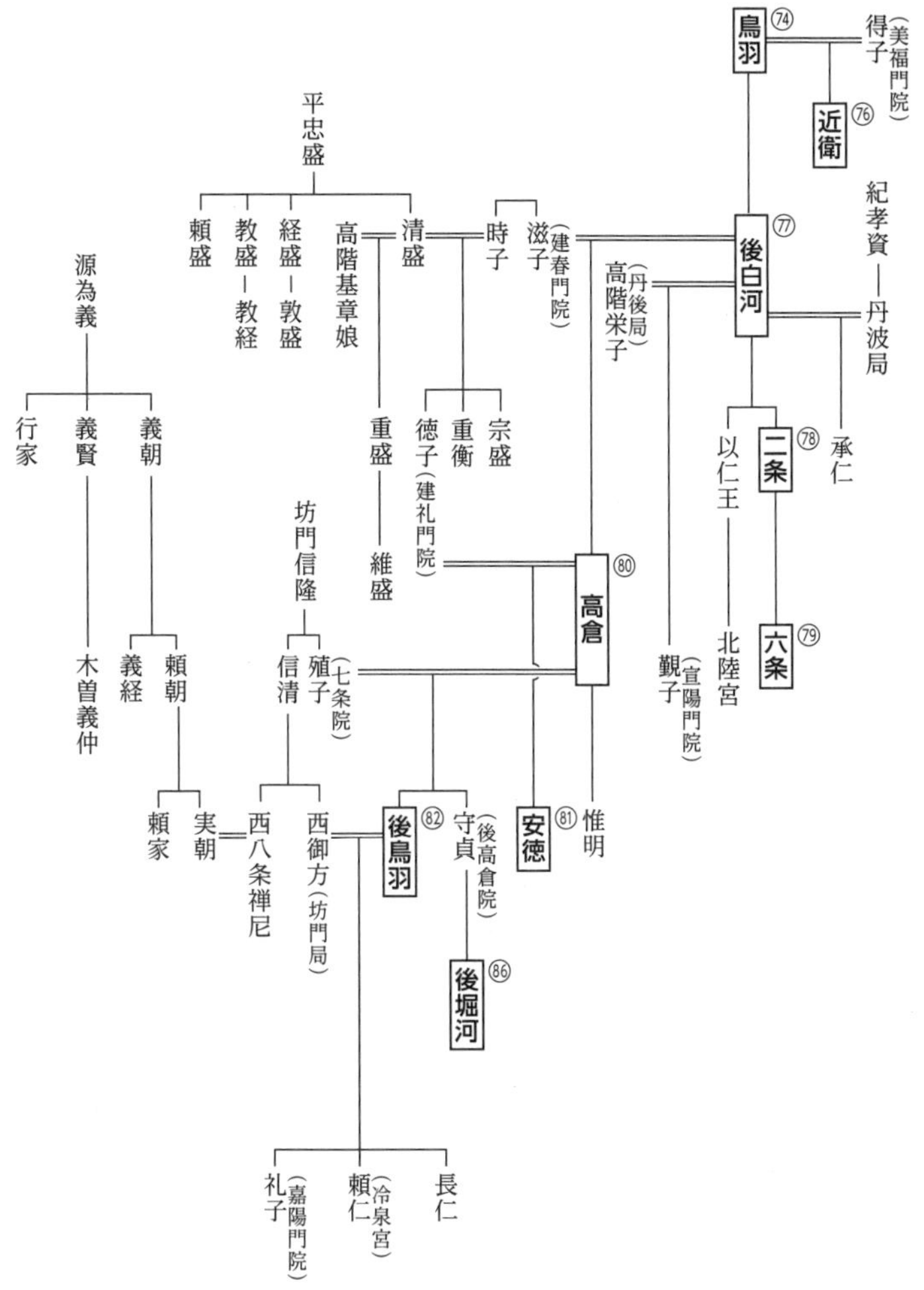

※数字は皇位継承順

天皇家、後宮の系図（承久の乱）（系図V）

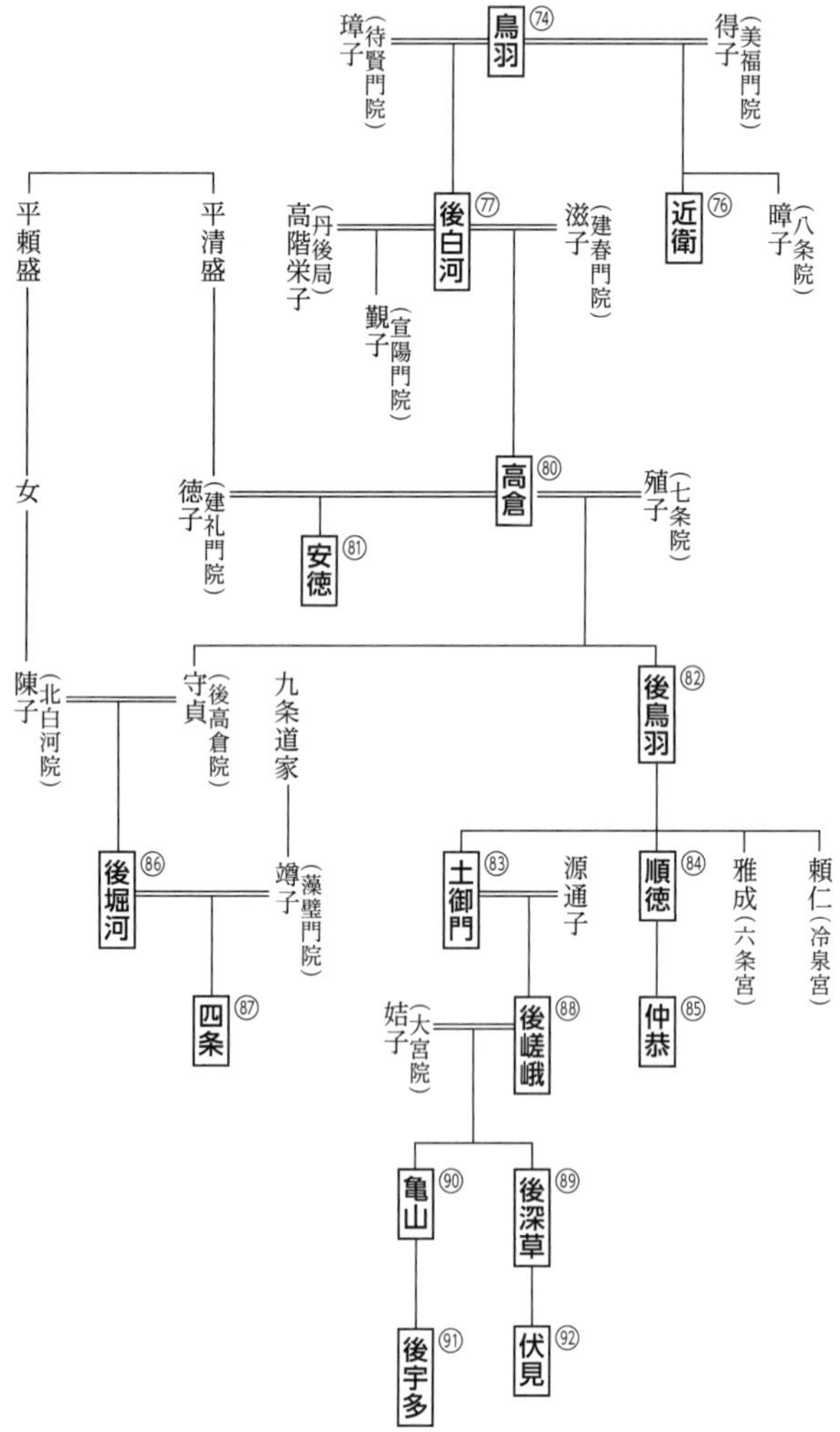

※数字は皇位継承順

皇室の系図（後鳥羽院を中心に）（系図Ⅵ）

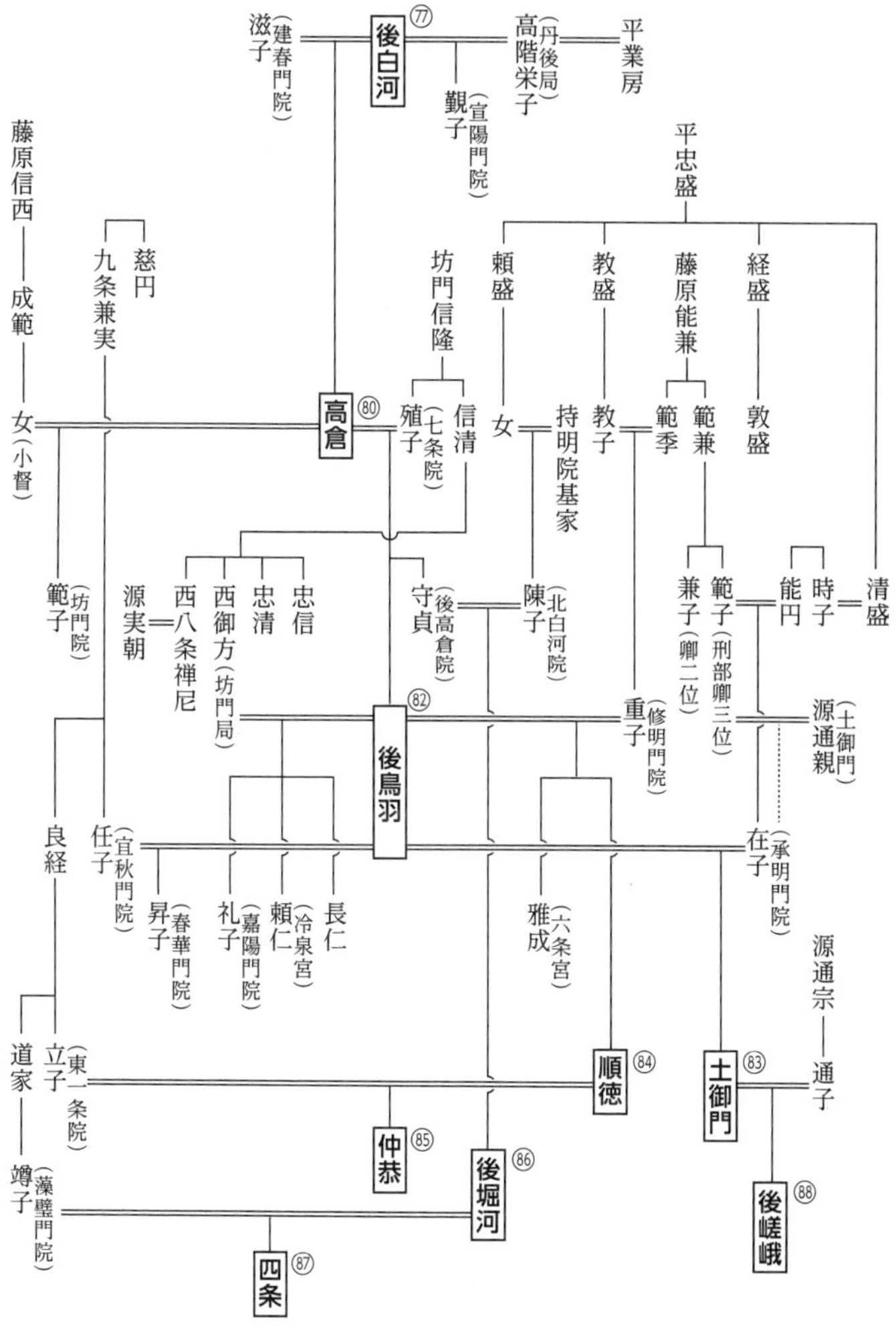

後白河 ⑰
滋子（建春門院）
高階栄子（丹後局）
平業房
覲子（宣陽門院）
平忠盛
藤原信西
成範
女（小督）
慈円
九条兼実
坊門信隆
頼盛
教盛
藤原能兼
経盛
高倉 ⑳
殖子（七条院）
信清
女
持明院基家
教子
範季
範兼
敦盛
範子（坊門院）
源実朝
西八条禅尼
西御方（坊門局）
忠清
忠信
守貞（後高倉院）
陳子（北白河院）
兼子（卿二位）
範子（刑部卿三位）
能円
時子
清盛
後鳥羽 ㉜
重子（修明門院）
源通親（土御門）
良経
任子（宜秋門院）
昇子（春華門院）
礼子（嘉陽門院）
頼仁（冷泉宮）
長仁
雅成（六条宮）
在子（承明門院）
源通宗
道家
立子（東一条院）
順徳 ㉞
土御門 ㉝
通子
仲恭 ㉟
後堀河 ㊱
竴子（藻璧門院）
四条 ㊲
後嵯峨 ㊳

※数字は皇位継承順

皇室の系図（両統迭立）（系図Ⅶ）

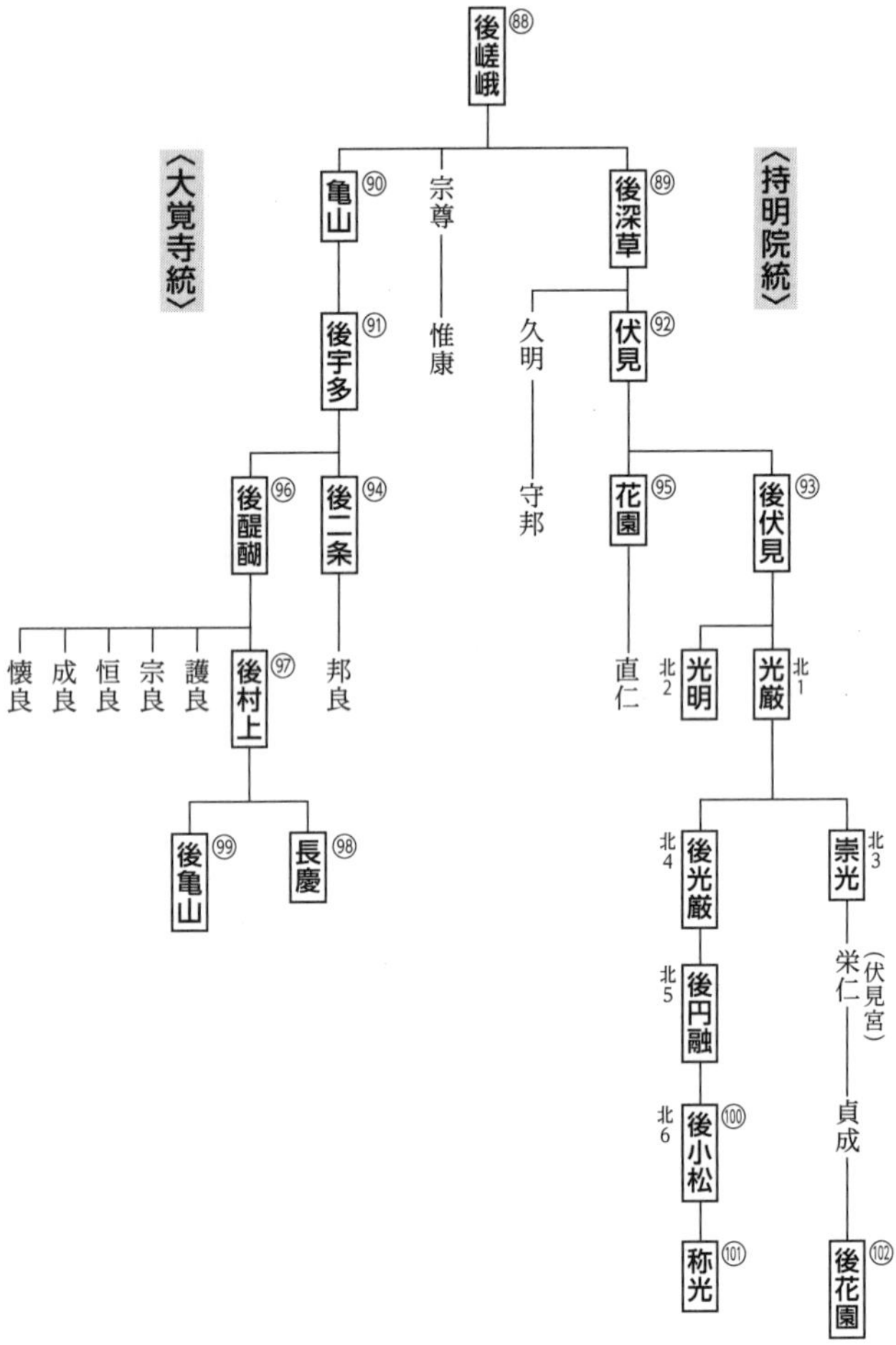

※数字は皇位継承順

鎌倉将軍の系図（系図Ⅷ）

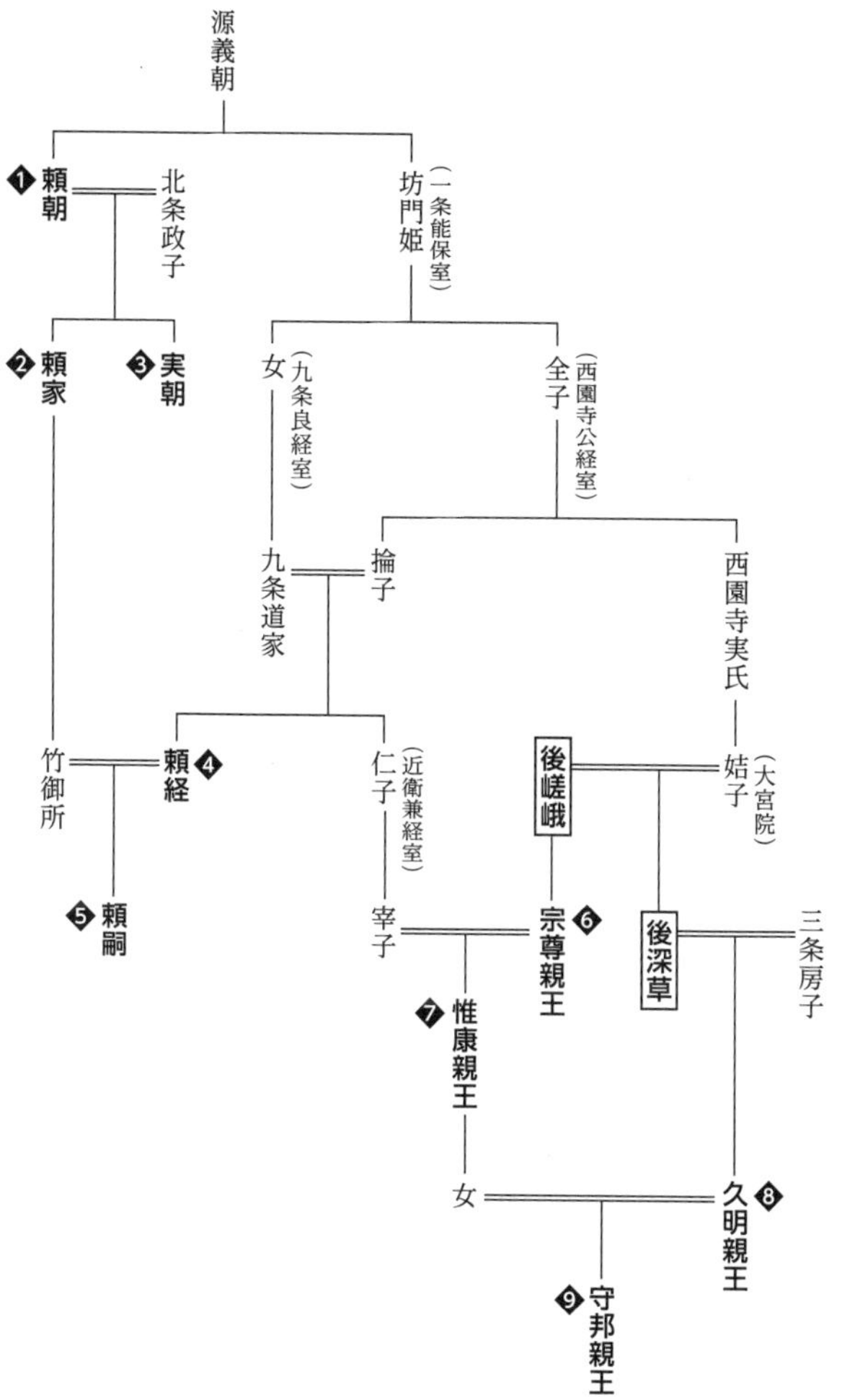

※数字は将軍継承順

図版作成（表1・7、図１～3、巻末系図）：上泉　隆

■193ページ
光格天皇　模写　原蔵者:泉涌寺(京都府)(東京大学史料編纂所)
■197ページ
楠木正成(湊川神社)
　前田青邨筆「大楠公」
■227ページ
『国史眼』
　帝国大学編年史編纂掛 編『稿本国史眼』目黒書店、大正9年(国立国会図書館デジタルコレクション https://dl.ndl.go.jp/pid/1918709 参照 2023-09-12)
■228ページ
重野安繹
　矢部信太郎 編『近代名士之面影』第1集、竹帛社、大正3年
　(国立国会図書館デジタルコレクション https://dl.ndl.go.jp/pid/967109　参照 2023-09-12)

図版詳細クレジット

■29ページ
『読史余論』(国立国会図書館デジタルコレクション https://dl.ndl.go.jp/pid/1919127 参照 2023-09-10)
■35ページ
『大日本史』(茨城県立歴史館蔵)
水戸藩第2代藩主徳川光圀が編纂をはじめ、約250年をかけて402巻が完成
■41ページ
『神皇正統記』(写真=朝日新聞社) 16世紀の写本
■47ページ
後醍醐天皇影(東京国立博物館蔵)
中山鑰次(養福)模写 江戸時代・天保11年
ColBase(https://colbase.nich.go.jp/)
■75ページ
天子摂関御影 天子巻 後白河法皇(三の丸尚蔵館蔵)
■76ページ
『源平合戦図屛風』(東京国立博物館蔵)
筆者不詳 江戸時代・17世紀
ColBase(https://colbase.nich.go.jp/)
■89ページ
天子摂関御影 天子巻 後鳥羽院(三の丸尚蔵館蔵)
■90ページ
『明月記』 明月記断簡 建久五年十二月四日・五日・六日・七日条
藤原定家筆(九州国立博物館蔵)
鎌倉時代・建久5年
ColBase(https://colbase.nich.go.jp/)
■95ページ
天子摂関御影 摂関巻 九条兼実(三の丸尚蔵館蔵)
■100ページ
『新古今和歌集』(国立国会図書館デジタルコレクション https://dl.ndl.go.jp/pid/2567307 参照 2023-09-10)
■117ページ
『保暦間記』(2巻)(国立国会図書館デジタルコレクション https://dl.ndl.go.jp/pid/2532209 参照 2023-08-04)
■121ページ
源頼朝 伝源頼朝像(模本)
冷泉為恭模(東京国立博物館蔵)
江戸時代・19世紀
ColBase(https://colbase.nich.go.jp/)
■170ページ
『建武式目』清原朝臣写、永禄6年(国立国会図書館デジタルコレクション https://dl.ndl.go.jp/pid/2532258 参照 2023-08-04)
■176ページ
『源威集』原蔵者:佐竹義生(東京大学史料編纂所)
■179ページ
『月百姿 稲むらか崎の明ほの〻月』秋山武右エ門、明治19年
(国立国会図書館デジタルコレクション https://dl.ndl.go.jp/pid/1306362 参照 2023-08-04)

あとがき

この「あとがき」まで辿り着いた読者には、〝お疲れ様でした〟。そしてこの「あとがき」を最初にながめる方には少しばかりの覚悟をもってお読み頂ければと。

些《いささ》かの根気がいる。『武家か 天皇か』の大上段の書名に〝イマサラ〟感もあるかと思う。けれども、わが国の歴史にとって、武家、そして天皇の存在は避けられない課題にちがいない。「中世の選択」という副題が示すように、Ⅰ～Ⅲにわたる内容の中軸は、Ⅱのパートである。その中身を〝おさらい〟風に述べることはしない。ただ、構成の特色として以下のことだけは、伝えておきたい。Ⅱをはさみ、Ⅰでは近世史論の雄たる『読史余論《とくしよろん》』を介し、武家と天皇の来歴を整理・検討した。そしてⅢでは、近代の史論における「武家」と「天皇」の観念的遺産を扱うこととした。この三つのパートに通底するのは、まさに武家、そして天皇ということになる。

時として、抽象的あるいは思弁的言説を重ねたところも少なくない。先行研究の〝ウワズミ液〟のみではなく、自己流の語り方で対象に挑みたい。そんな心積もりで本書に取り組んだ結果だと心得ている。もとより難しいテーマである。武士のことを守備範囲としてきた関係で、それをトータルに検討するためには、伝統に所由する天皇の存在は避けられない。そしてこのテーマだけで複雑な歴史過程を語れるはずもない。けれども、〝そもそも論〟でいえば、中・近世を貫き、武家そして天皇を俎上に俯瞰《ふかん》したものは、それほど多くはないのではないか——大きな視点で武家と天皇が織り成す権力のシステムの推移を探ること、これが本書の目的だった。

これまで幾つかの書物を世に出した。執筆のスタイルもそれなりに型が出来はじめた。今回もまた、例によって＊（注記）を多用した。本論を〝ていねいに〟説明するための肉付けのつもりだ。本文を繁雑なものにしない算段からである。思考の論跡をどのように文章化するか。容易ではないにしても、なんとか仕上がった一書である。通史・通説も尊重しつつ、それを擦《なぞ》らずに解釈可能な、はみ出し方も模索したつもりだ。流して書くことだけは避けたいと思ったからだ。

本書は当方が勤務する大学の最終講義のおりに、完成すべく準備していたものだ。諸般の事情で難しくなったが、本年三月末の講義の題目はこの『武家か　天皇か』で通した。卒業生や聴講の社会人の方々には、そこで本書のテーマの一部を披露した。その全文をこうした形で公に出来たことに安堵している。

朝日新聞出版の内山美加子さんから依頼を頂いたのは、三年ほど前のことだと記憶する。当初、中世の天皇についての一書とのことだった。幾度か研究室にお運び頂き議論するなかで、武家、そして幕府も視野に入れた、両者の関係史という流れで落ち着いた。そうしたことで、主題に向けての耕しが始まった次第である。本論についても、鋭い視線での貴重な提言を頂いた。この場をかりて感謝申し上げる次第だ。

本書を定年後の新たな歩みのための〝西収〟の一環にできればと思う。

二〇二三年　初秋

関　幸彦

関 幸彦（せき・ゆきひこ）
日本中世史の歴史学者。1952年生まれ。学習院大学大学院人文科学研究科史学専攻博士課程修了。学習院大学助手、文部省初等中等教育局教科書調査官、鶴見大学文学部教授を経て、2008年に日本大学文理学部史学科教授就任。23年3月に退任。近著に『その後の鎌倉　抗心の記憶』（山川出版社、2018年）、『敗者たちの中世争乱　年号から読み解く』（吉川弘文館、2020年）、『刀伊の入寇　平安時代、最大の対外危機』（中公新書、2021年）、『奥羽武士団』（吉川弘文館、2022年）などがある。

朝日選書 1038

武家《ぶけ》か 天皇《てんのう》か
中世《ちゅうせい》の選択《せんたく》

2023年10月25日　第1刷発行

著者　関 幸彦

発行者　宇都宮健太朗

発行所　朝日新聞出版
〒104-8011　東京都中央区築地 5-3-2
電話　03-5541-8832（編集）
03-5540-7793（販売）

印刷所　大日本印刷株式会社

Published in Japan by Asahi Shimbun Publications Inc.
ISBN978-4-02-263123-7
定価はカバーに表示してあります。

落丁・乱丁の場合は弊社業務部（電話 03-5540-7800）へご連絡ください。
送料弊社負担にてお取り替えいたします。

源氏物語の時代
一条天皇と后たちのものがたり
山本淳子
皇位や政権をめぐる権謀術数のエピソードを紡ぐ

平安人の心で「源氏物語」を読む
山本淳子
平安ウワサ社会を知れば、物語がとびきり面白くなる！

枕草子のたくらみ
「春はあけぼの」に秘められた思い
山本淳子
なぜ藤原道長を恐れさせ、紫式部を苛立たせたのか

落語に花咲く仏教
宗教と芸能は共振する
釈徹宗
仏教と落語の深いつながりを古代から現代まで読み解く

long seller

易
本田済《わたる》
古来中国人が未来を占い、処世を得た書を平易に解説

COSMOS 上・下
カール・セーガン／木村繁訳
宇宙の起源から生命の進化まで網羅した名著を復刊

東大入試 至高の国語「第二問」
竹内康浩
赤本で触れ得ない東大入試の本質に過去問分析で迫る

中学生からの作文技術
本多勝一
ロングセラー『日本語の作文技術』のビギナー版